Claudia Kauenberg, Jörn Menne, Ingo Schaub, Christian Schmidt

Ausbildung im Einzelhandel

Band 2

Arbeitsheft

2. Auflage, korrigierter Nachdruck

Bestellnummer 31042

Haben Sie Anregungen oder Kritikpunkte zu diesem Produkt?
Dann senden Sie eine E-Mail an 31042_002@bv-1.de
Autoren und Verlag freuen sich auf Ihre Rückmeldung.

www.bildungsverlag1.de

Bildungsverlag EINS GmbH
Hansestraße 115, 51149 Köln

ISBN 978-3-427-**31042**-6

© Copyright 2010: Bildungsverlag EINS GmbH, Köln
Das Werk und seine Teile sind urheberrechtlich geschützt. Jede Nutzung in anderen als den gesetzlich zugelassenen Fällen bedarf der vorherigen schriftlichen Einwilligung des Verlages.
Hinweis zu § 52a UrhG: Weder das Werk noch seine Teile dürfen ohne eine solche Einwilligung eingescannt und in ein Netzwerk eingestellt werden. Dies gilt auch für Intranets von Schulen und sonstigen Bildungseinrichtungen.

Vorwort

Das vorliegende **Arbeitsheft** ist eine ideale Ergänzung zu der entsprechenden Lehrbuchreihe – es kann aber auch mit anderen Büchern eingesetzt werden:

- Die Umsetzung des problem- und handlungsorientierten Unterrichts mit **Lernsituationen** wird erheblich erleichtert: Ausgewählte Einstiegssituationen aus dem Lehrbuch werden aufgenommen, durch zusätzliche Arbeitsaufträge und methodische Hinweise ergänzt und in eine klare unterrichtliche Struktur überführt. So wird das vom Lehrplan geforderte Lernen in vollständigen Lernhandlungen gestützt und die Ausarbeitung der didaktischen Jahresplanung erleichtert.

- Durch **Arbeitsblätter** mit anregenden **Übungen** zu zentralen Begriffen und Zusammenhängen des jeweiligen Lernfeldes erhalten die Schülerinnen und Schüler ergänzend zum Lehrbuch zahlreiche Möglichkeiten ihr neu erworbenes Wissen anzuwenden und zu festigen.

- **Prüfungsorientierte Aufgaben**, in denen die für die Zwischen- und Abschlussprüfung geforderten Inhalte in der für die Prüfungen typischen Form abgefragt werden, runden die Unterrichts- und Lernhilfe ab.

Mit dem Arbeitsheft wird die häufig so schwierige **Dokumentation** von Lern- und Arbeitsergebnissen sichergestellt, sodass die **individuelle Lernberatung** und die **Leistungsbewertung** nach Phasen **selbstständigen Lernens** erleichtert wird.

Hinweis zur Nutzung des Arbeitsbuches

Bei den **Lernsituationen** finden die Nutzer des Arbeitsbuches Symbole, die eine Empfehlung hinsichtlich einer geeigneten **Sozialform** darstellen:

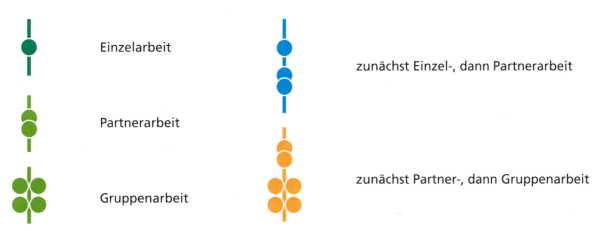

Die **Farben** unterscheiden sich nach der jeweiligen Phase der Lernhandlung.

Inhaltsverzeichnis

LERNFELD 6   Waren beschaffen 7

Lernsituation 1: Sie treffen sortimentspolitische Entscheidungen als Vorbereitung zur Warenbeschaffung 7
- Übung 1.1: Mengenplanung 11
- Übung 1.2: Zeitplanung – Bestellrhythmusverfahren 12
- Übung 1.3: Zeitplanung – Bestellpunktverfahren I 12
- Übung 1.4: Zeitplanung – Bestellpunktverfahren II 14
- Übung 1.5: Zeitplanung – Vergleich der drei möglichen Verfahren 15
- Übung 1.6: Bezugsquellenermittlung 16

Lernsituation 2: Sie formulieren eine Anfrage an einen Lieferer 16
- Übung 2.1: Die Inhalte des Angebotes – Übersicht 19
- Übung 2.2: Die Inhalte des Angebotes 20
- Übung 2.3: Anpreisung und Angebot 21

Lernsituation 3: Sie vergleichen die Angebote verschiedener Lieferanten 22
- Übung 3.1: Bezugskalkulation 27
- Übung 3.2: Bezugskalkulation unter Berücksichtigung von Mengenabzügen 28
- Übung 3.3: Besondere Arten des Kaufvertrages 29

Aufgaben zur Prüfungsvorbereitung 31

LERNFELD 7   Waren annehmen, lagern und pflegen 36

Lernsituation 1: Aufgaben bei der Warenannahme wahrnehmen 36
- Übung 1.1: Mängelarten unterscheiden 40
- Übung 1.2: Rechte des Käufers aus der Mängelrüge 40
- Übung 1.3: Rechtsfolgen der Mängelrüge 41
- Übung 1.4: Einen Mangel rügen und klug verhandeln 41

Lernsituation 2: Eine Nicht-Rechtzeitig-Lieferung (Lieferungsverzug) bearbeiten 42
- Übung 2.1: Eine Nicht-Rechtzeitig-Lieferung rügen 47
- Übung 2.2: Unfallschutz im Lager (und anderswo) 49

Lernsituation 3: Eine Inventur planen und durchführen 50
- Übung 3.1: Inventurwerte ermitteln 54
- Übung 3.2: Ein Inventar erstellen/Inventare vergleichen 55
- Übung 3.3: Lagerkennziffern 56

Aufgaben zur Prüfungsvorbereitung 58

LERNFELD 8 — Geschäftsprozesse erfassen und kontrollieren ... 65

Lernsituation 1: Sie erfassen die Aufgaben und Aufgabenbereiche des betrieblichen Rechnungswesens im Einzelhandelsbetrieb ... 65
- Übung 1.1: Aufgaben des Rechnungswesens ... 67
- Übung 1.2: Die Güter- und Geldströme in einem Einzelhandelsunternehmen ... 67

Lernsituation 2: Sie erstellen eine Bilanz und werten diese aus ... 68
- Übung 2.1: Eine Bilanz aufbereiten ... 72
- Übung 2.2: Wer hat Interesse an einer ordnungsgemäßen Buchführung? ... 73
- Übung 2.3: Bedeutende Belege im Einzelhandel ... 74
- Übung 2.4: Eine Einnahmen- und Ausgaben-Überschussrechnung durchführen ... 76
- Übung 2.5: Veränderungen von Vermögen und Kapital durch die Geschäftsfälle ... 77
- Übung 2.6: Buchung der Wertveränderung auf Bestandskonten ... 79

Lernsituation 3: Sie buchen im Grund- und Hauptbuch ... 80
- Übung 3.1: Aufwand, Ertrag oder Veränderung von Vermögen und Kapital ... 88
- Übung 3.2: Geschäftsfälle zu den Erfolgskonten ... 89
- Übung 3.3: Beleggeschäftsgang – auf Bestands- und Erfolgskonten buchen und einen Jahresabschluss durchführen ... 90

Lernsituation 4: Sie werten das Konto „Gewinn und Verlust" zur Kontrolle der Wirtschaftlichkeit aus und leiten erste Maßnahmen zur Verbesserung der Unternehmenssituation ab ... 98

Aufgaben zur Prüfungsvorbereitung ... 103

LERNFELD 9 — Preispolitische Maßnahmen vorbereiten und durchführen ... 105

Lernsituation 1: Sie beurteilen die Bedeutung des Verkaufspreises als absatzpolitisches Instrument ... 105
- Übung 1.1: Preisbildung und Gleichgewichtspreis ... 112
- Übung 1.2: Möglichkeiten der Preisdifferenzierung ... 113
- Übung 1.3: Die Berechnung des Handlungskostenzuschlagssatzes sowie die Kalkulation von Selbstkosten- und Barverkaufspreis ... 113
- Übung 1.4: Ein Kalkulationsschema mit einem Tabellenkalkulationsprogramm erstellen ... 115
- Übung 1.5: Verkaufspreise kalkulieren und den Roh- und Reingewinn berechnen ... 116
- Übung 1.6: Verschiedene Verkaufspreise kalkulieren ... 118
- Übung 1.7: Vereinfachte Kalkulation mit Kalkulationszuschlag und Kalkulationsfaktor ... 119
- Übung 1.8: Rückwärts- und Differenzkalkulation ... 120
- Übung 1.9: Kalkulationsabschlag ... 121
- Übung 1.10: Handelsspanne ... 122

Aufgaben zur Prüfungsvorbereitung ... 123

LERNFELD 10 Besondere Verkaufssituationen bewältigen ... 129

Lernsituation 1: Sie haben Senioren als Kunden ... 129
Übung 1.1: Bedeutung von Senioren als Kunden ... 133
Übung 1.2: Kundentypen/Konsumtypen ... 134
Übung 1.3: Jugendliche als Kunden ... 135
Übung 1.4: Gesetzliche Abgabeverbote ... 135
Übung 1.5: Ausländer als Kunden ... 136
Übung 1.6: Kunden mit Behinderung ... 136
Übung 1.7: Dem Kunden beim Geschenkkauf helfen ... 137
Übung 1.8: Den Kunden in Begleitung beraten ... 138
Übung 1.9: Bei Hochbetrieb verkaufen ... 139
Übung 1.10: Mit Störungen im Verkaufsgespräch souverän umgehen ... 140

Lernsituation 2: Sie beraten und verkaufen am Telefon ... 140
Übung 2.1: Kundenorientierte Reklamationsbehandlung ... 144
Übung 2.2: Reklamation und Umtausch ... 145
Übung 2.3: Spätkunden bedienen ... 146
Übung 2.4: Rabattregeln und -wünsche ... 146

Lernsituation 3: Ladendiebstahl ... 147
Übung 3.1: Diebstahlmethoden ... 152
Übung 3.2: „Selbstbedienung" durch Mitarbeiter ... 152
Übung 3.3: Personalmaßnahmen gegen Ladendiebstahl ... 153
Übung 3.4: Warensicherung ... 153

Aufgaben zur Prüfungsvorbereitung ... 155

Didaktische Hinweise zu den Lernsituationen ... 162

Bildquellenverzeichnis ... 171

LERNFELD 6

Waren beschaffen

Lernsituation 1: Sie treffen sortimentspolitische Entscheidungen als Vorbereitung zur Warenbeschaffung

Mehmet Aydin, Auszubildender beim Mars Elektrofachmarkt, arbeitet zurzeit in der Abteilung „Weiße Ware". Die zuständige Abteilungsleiterin, Nicole Orth, hat heute eine ganz besondere Aufgabe für ihn.

Frau Orth:	*„Du bist ja nun schon über ein Jahr bei uns, Mehmet, da wird es Zeit, dass du mal einen Blick „hinter die Kulissen" wirfst und dir anschaust, auf welcher Basis wir sortimentspolitische Entscheidungen treffen. Denn welche Waren du hier täglich in die Regale einräumst und an die Kunden verkaufst, das ist ja kein Werk des Zufalls, sondern das Ergebnis einer exakten Planung."*
Mehmet:	*„Das klingt sehr interessant, was soll ich tun?"*
Frau Orth:	*„Du kannst mir helfen, diese Listen auszuwerten, die ich mir heute Morgen aus unserem Warenwirtschaftssystem habe ausdrucken lassen. Wir müssen nämlich die Sortimentsplanung für das nächste Jahr in Angriff nehmen."*
Mehmet:	(wirft einen Blick auf die Computerausdrucke, die Frau Orth ihm entgegenhält) *„Oh je, das sind ja Hunderte von Zahlen, wie soll man denn da irgendetwas erkennen?"*
Frau Orth:	(lachend) *„Das ist nicht so schlimm wie es aussieht, ich werde dir erstmal erklären, was diese Zahlen überhaupt bedeuten. Hier haben wir z.B. die Artikelgruppe Toaster, damit können wir beginnen …"*

Beschreibung und Analyse der Situation

Überlegen Sie, welches Datenmaterial Frau Orth zusammengetragen hat, um die anstehenden sortimentspolitischen Entscheidungen im Mars Elektrofachmarkt treffen zu können.

_____
_____
_____
_____
_____
_____
_____
_____
_____
_____

Planen und Durchführen

a) Stellen Sie mithilfe des Lehrbuches fest, welche grundsätzlichen Maßnahmen zur Sortimentsveränderung dem Einzelhändler zur Verfügung stehen.

_____

_____

_____

_____

_____

b) Analysieren Sie das vorliegende Datenmaterial unter Berücksichtigung der folgenden Fragestellungen:

Wie hat sich der Verkauf der verschiedenen Toaster sowie der Artikelgruppe insgesamt in der Vergangenheit entwickelt?
Welche Rückschlüsse können daraus für die Zukunft gezogen werden?
Welche Artikel sind für den Einzelhandel besonders attraktiv, d. h. bei welchen Artikeln ist die Differenz zwischen Einkaufspreis und Verkaufspreis besonders hoch?
Lassen sich möglicherweise Artikelgruppen bilden, die in der Zukunft verstärkt oder in geringerer Anzahl eingekauft bzw. neu in das Sortiment aufgenommen oder ganz ausgelistet werden sollten?

Lernsituation 1

Rennerliste nach Warengruppen – Haushaltsgeräte – Toaster: 01.01.20.. – 30.06.20..

Art.-Nr.	Bezeichnung	Bezugspreis EUR	Ladenpreis EUR	Umsatz EUR	Absatz Stück aktuelles Halbjahr	Absatz Stück voriges Halbjahr
89023	Philip „KA 2"	45,00	59,90	5.570,70	93	96
89007	Siemes „New Age"	56,40	99,00	9.009,00	91	79
89022	Philip „C 53"	33,00	54,90	4.501,80	82	92
89020	Philip „XXL"	18,00	29,90	2.093,00	70	--
89004	Ines „Lady"	21,00	29,90	1.883,70	63	112
89008	Siemes „Porsche"	92,00	159,00	9.858,00	62	60
89021	Philip „CC 17"	27,00	44,90	2.379,70	53	56
89025	Philip „BT 5"	24,00	39,90	1.795,50	45	57
89001	Ines „Sunny"	14,00	19,99	879,56	44	52
89002	Ines „Sweet"	17,50	24,99	749,70	30	55
89003	Ines „Standard"	14,00	19,99	579,71	29	34
Summen				39.300,37	662	695

Fehl- und Nichtverkaufskontrolle nach Warengruppen – Haushaltsgeräte – Toaster: 01.01.20.. – 30.06.20..

Datum	Verkäufer	Artikel	Fehlverkauf/Ursache	Nichtverkauf
07.01.20..	Orth	Philip „C 53"	Verspätete Bestellung	
20.01.20..	Beuth			Toaster Firma „Morris"
29.01.20..	Beumers			
05.02.20..	Beumers			Siemes „Starlight"
17.02.20..	Esser	Philip „XXL"	Lieferengpass wg. hoher Nachfrage	
18.02.20..	Steger	Philip „XXL"	Lieferengpass wg. hoher Nachfrage	
20.02.20..	Esser	Philip „XXL"	Lieferengpass wg. hoher Nachfrage	
15.03.20..	Beuth			Toaster Firma „Morris"
24.03.20..	Topal			Toaster Firma „Morris"
27.03.20..	Orth	Siemes „New Age"	Unerwartet hohe Abverkäufe	
01.04.20..	Orth			Siemes „Starlight"

c) Treffen Sie auf der Grundlage des vorliegenden Datenmaterials begründete, sortimentspolitische Entscheidungen für den Mars Elektrofachmarkt.

_____
_____
_____

Lernsituation 1

Bewerten

Stellen Sie Ihre Überlegungen anstelle von Frau Orth im Rahmen einer Besprechung der Geschäftsleitung vor. Die Geschäftsleitung wird dabei von einer Mitschülerin, einem Mitschüler aus einer anderen Gruppe übernommen. Die Beobachter notieren die für sinnvoll befundenen Sortimentsentscheidungen auf Karteikarten.

Lernergebnisse sichern

Überarbeiten Sie Ihren Maßnahmenkatalog, indem Sie die auf den Karteikarten festgehaltenen Sortimentsentscheidungen in Ihre Überlegungen einbeziehen.

Übung 1.1: Mengenplanung

Bei der Mengenplanung wird entschieden, **wie viel** eingekauft werden soll. Eine exakte Schätzung des Bedarfs ist schwierig, denn es kann nie mit Sicherheit vorhergesagt werden, wie viel Stück von einem Artikel im Laufe des nächsten Jahres verkauft werden. Dem Einzelhändler stehen bei der Festlegung von Beschaffungsmengen zwei grundsätzliche Möglichkeiten zur Verfügung:

große Mengen in großen Zeitabständen oder
kleine Mengen in kleinen Zeitabständen zu bestellen.

a) Ergänzen Sie die fehlenden Begriffe in der Übersicht.

Es wird selten, aber in großen Mengen bestellt:

↓ Vorteil   ↑ Nachteil

_____   _____

Es wird oft, aber in kleinen Mengen bestellt:

↑ Nachteil   ↓ Vorteil

_____   _____

Bestellkosten: Lagerkosten:
_____   _____
_____   _____
_____   _____
_____   _____

↓

Diesen Zielkonflikt löst der Einzelhändler, indem er die **optimale Bestellmenge** berechnet.

b) Berechnen Sie die optimale Bestellmenge.
Im Center Warenhaus betragen die Bestellkosten für Bettwäsche 40,00 EUR je Bestellung, unabhängig davon, wie viel bestellt wird. An Lagerkosten fallen 0,30 EUR je Wäscheset an. Es sollen innerhalb eines Jahres 1.200 Bettwäschegarnituren bestellt werden.

Anzahl der Bestellungen	Bestellmenge	Ø Lagerbestand	Lagerhaltungs-kosten in EUR	Bestellkosten in EUR	Gesamtkosten in EUR
1	1.200				
2					
3					
4					
5					

Die optimale Bestellmenge liegt bei _____ Stück.

Dort entstehen mit _____ EUR die niedrigsten Gesamtkosten.

Übung 1.2: Zeitplanung – Bestellrhythmusverfahren

a) Vervollständigen Sie den Lückentext mit den folgenden Begriffen: Grundnahrungsmittel (Frischmilch, Butter)/optimalen Bestellmenge/Kosmetikartikel (Zahncreme, Duschgel)/die Absatzmengen nur geringen Schwankungen unterworfen sind

Das Bestellrhythmusverfahren
Die Bestellung erfolgt zu bestimmten, vorher festgelegten Terminen, die Liefertermine wiederholen sich periodisch. Die Festlegung der Termine kann z. B. mithilfe der vorher zu ermittelnden _____ _____ vorgenommen werden.

Dieses Verfahren eignet sich besonders, wenn _____ _____.

Beispiele: _____

b) Listen Sie auf, für welche Waren in Ihrem Ausbildungssortiment die Anwendung des Bestellrhythmusverfahrens geeignet erscheint.

Übung 1.3: Zeitplanung – Bestellpunktverfahren I

Das häufig angewandte Bestellpunktverfahren wird durch die Verbrauchsmengen gesteuert. Eine Bestellung wird jedes Mal ausgelöst, wenn der Lagerbestand des Artikels gerade noch ausreicht, um den während der Beschaffungszeit zu erwartenden Bedarf zu decken. Dazu wird der Bestand eines Artikels mithilfe des Warenwirtschaftssystems nach jedem Verkauf geprüft.

Anhand der folgenden Formel lässt sich die Bestandsmenge berechnen, die eine Bestellung auslösen muss:

Meldebestand = _____

1. Im Center Warenhaus werden alle Artikel in Artikeldateien entsprechend der Abbildung im Warenwirtschaftssystem erfasst:

Artikelnummer:	05/27831
Artikelbezeichnung:	Küchenmaschinen „Fix-mix"
Einheit:	1 Stück
Lieferer:	Elektrogroßhandel Jahn GmbH Bussardstr. 20, 85166 Gräfelfing
Lieferzeit:	6 Tage
Mindestbestand:	25 Stück
Höchstbestand:	175 Stück
Meldebestand:	

a) Berechnen Sie den Meldebestand bei einem durchschnittlichen Tagesabsatz von sechs Küchenmaschinen.

b) Durch eine Hochwasserkatastrophe kommt es zu einer Lieferstörung, deren Zeitdauer nicht absehbar ist. Wie viele Tage kann das Center Warenhaus mit dem Mindestbestand die Verkaufsbereitschaft aufrechterhalten?

2. Der durchschnittliche Tagesabsatz für DVD-Rohlinge liegt im Mars Elektrofachmarkt bei 60 Stück. Die Beschaffungszeit beträgt 14 Tage.

a) Bei welchem Lagerbestand muss der Mars Elektrofachmarkt bestellen, damit er bis zum Eintreffen der Ware lieferfähig ist, wenn **kein** Mindestbestand berücksichtigt wird?

b) Nach der Bestellung erfährt der Mars Elektrofachmarkt, dass sich die Lieferung um acht Tage verzögert. Wie viele Tage wird er nun nicht verkaufsbereit sein?

c) Aus dieser Situation hat der Mars Elektrofachmarkt gelernt! Sammeln Sie mögliche Einflussgrößen, die bei der Festlegung eines Mindestbestandes berücksichtigt werden sollten und unterbreiten Sie einen begründeten Vorschlag für den zukünftigen Mindestbestand.

Übung 1.4: Zeitplanung – Bestellpunktverfahren II

Der Schlegel Lebensmitteldiscounter verkauft durchschnittlich 50 Flaschen Orangensaft pro Tag. Die Lieferzeit beträgt vier Tage. Auf der Grundlage von Erfahrungswerten wurde der Mindestbestand bei 150 Stück festgelegt. Nach Ermittlung des günstigsten Bezugspreises sowie der Bestell- und Lagerkosten wurde eine optimale Bestellmenge von 1.000 Flaschen ermittelt.

a) Stellen Sie fest, bei welchem Bestand eine Bestellung ausgelöst werden muss.

b) Im Schlegel Lebensmitteldiscounter ist folgender Fehler passiert: Erst bei Erreichen des Mindestbestands wurde eine Bestellung vorgenommen.
Ermitteln Sie den Höchstbestand.

c) Tragen Sie den Mindest- und Meldebestand sowie den Höchstbestand in die nachfolgende grafische Darstellung ein.

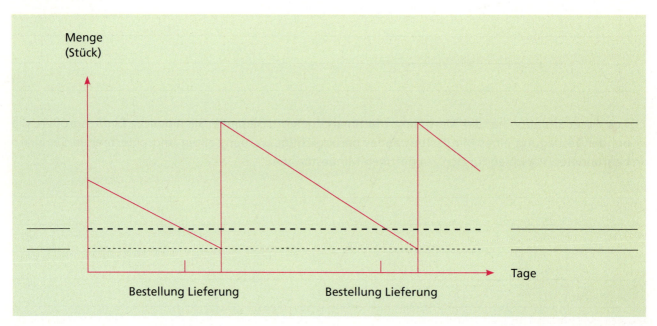

Übung 1.5: Zeitplanung – Vergleich der drei möglichen Verfahren

Vergleichen Sie die drei Verfahren zur zeitlichen Planung der Warenbeschaffung miteinander, indem Sie Vorzüge und Nachteile der Bestellverfahren einander gegenüberstellen.
Fügen Sie anschließend jeweils beispielhaft einen Artikel aus Ihrem Ausbildungssortiment an, für den das jeweilige Bestellverfahren geeignet erscheint.

Bestellpunktverfahren	Vorzüge des Verfahrens:
	Nachteile des Verfahrens:
	Beispiel:
Bestellrhythmusverfahren	Vorzüge des Verfahrens:
	Nachteile des Verfahrens:
	Beispiel:
Just-in-time-Verfahren	Vorzüge des Verfahrens:
	Nachteile des Verfahrens:
	Beispiel:

Übung 1.6: Bezugsquellenermittlung

Wo bestelle ich die Ware?	
Interne Informationsquellen	Externe Informationsquellen

Welche Beurteilungskriterien lege ich für die Lieferantenauswahl zugrunde?

Lernsituation 2: Sie formulieren eine Anfrage an einen Lieferer

In der Einkaufsabteilung der Center Warenhaus GmbH tritt folgendes Problem auf:

Der bisherige Lieferant für **Fleisch- und Wurstwaren** wird seinen Geschäftsbetrieb im nächsten Monat einstellen. Nun muss das Center Warenhaus kurzfristig einen neuen Lieferanten ausfindig machen. Diese wichtige Aufgabe übernimmt die für den Lebensmitteleinkauf zuständige Mitarbeiterin Renate Öztürk. Die Auszubildende Sabine Freund – mittlerweile im zweiten Ausbildungsjahr – arbeitet für einen Zeitraum von vier Wochen bei Frau Öztürk in der Einkaufsabteilung. Deshalb erhält Sabine den Auftrag, in den einschlägigen Verzeichnissen nach neuen Bezugsquellen zu suchen. Am Ende ihrer Recherche hat Sabine unter anderem folgende potenzielle Lieferanten ausfindig gemacht:

1. In der betriebsinternen Liefererdatei stößt Sabine auf ein Unternehmen, von dem die Center Warenhaus GmbH bereits andere Lebensmittel bezieht.

SCHMITZ KG
Wurstwaren
Lilienstr. 2
33758 Schloss Holte-Stukenbrock
Tel.: 03527 48567
Fax: 03527 48569

Lernsituation 2 17

2. Bei ihrer Internetrecherche fällt Sabine der folgende Großhändler besonders durch seine überaus ansprechende Präsentation auf.

Fleisch- und Wursthandel Lehnen GmbH
Liebigstr. 3
60313 Frankfurt
Tel.: 06723 23577-0
Fax.: 06723 235826
E-Mail: info@Wursthandel-Lehnen.de

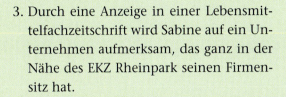

3. Durch eine Anzeige in einer Lebensmittelfachzeitschrift wird Sabine auf ein Unternehmen aufmerksam, das ganz in der Nähe des EKZ Rheinpark seinen Firmensitz hat.

Metzgerei Großhandel AG
Kardinal-von-Gahlen-Str. 50–54
50354 Hürth
Tel.: 02233 727230
Fax.: 02233 1485020

Frau Öztürk ist mit Sabines Arbeitsergebnis sehr zufrieden und erteilt ihr deshalb auch den Folgeauftrag, die Anfrage an die drei infrage kommenden Lieferanten zu formulieren.

„Mal sehen", denkt Sabine, „… eine Anfrage schreiben, was muss ich denn da alles beachten?"

Beschreibung und Analyse der Situation

Planen Sie Ihr gemeinsames Vorgehen. Welche Arbeitsschritte fallen bei der Lösung der Aufgabenstellung an? Welche weiteren Informationen benötigen Sie?

_____
_____
_____
_____
_____

Planen und Durchführen

Entwerfen Sie einen Brieftext für eine **schriftliche, bestimmte Anfrage**.

Folgender Artikel soll angefragt werden:
Ganze Schinkenfleischwurst 500 g, 200 Stück

Übertragen Sie Ihren Brieftext in das vorgesehene Formular (Briefvorlage) und richten Sie Ihre Anfrage an einen der drei genannten Lieferanten. Beachten Sie dabei die DIN-5008-Norm für Geschäftsbriefe.

Lernsituation 2

CENTER
Warenhaus GmbH

Center Warenhaus GmbH, Aachener Straße 1250, 50859 Köln

UST-IDNr.: DE-835872142
Steuernummer: 223/514/8546

Telefax   0221 4171-20
E-Mail   info@center-warenhaus.de

Ihr Zeichen, Ihre Nachricht vom	Unser Zeichen, unsere Nachricht vom	Telefon, Name	Datum

Geschäftsräume
Aachener Straße 1250
50859 Köln

Telefon
0221 4171-18 /19

Telefax
0221 4171-20

Kontoverbindungen
Deutsche Bank   BLZ 370 700 60 Kto.-Nr 02 520 138
Postbank Köln   BLZ 370 100 50 Kto.-Nr 54 666 504
Sparkasse KölnBonn BLZ 370 501 98 Kto.-Nr 853 139 48

Geschäftsführer: Dipl.-Kauffrau Kerstin Sommer, Dipl.-Betriebswirt Thomas Becker · Amtsgericht Köln HRB 597

Bewerten

Gehen Sie mit einer anderen Gruppe zusammen und bilden Sie aus dieser Gruppe wieder zwei neue Gruppen, in denen jeweils Vertreterinnen/Vertreter der alten Gruppen sind. Stellen Sie sich nun gegenseitig Ihre Arbeitsergebnisse vor. Diskutieren Sie die formale (DIN-Norm, Rechtschreibung) sowie die inhaltliche Richtigkeit Ihrer Anfragen und überarbeiten diese, falls notwendig.

Lernergebnisse sichern

Schreiben Sie Ihre Anfrage unter Beachtung der DIN 5008 im DV-Unterricht am PC.

Übung 2.1: Die Inhalte des Angebotes – Übersicht

Im Lehrbuch finden Sie auf den Seiten 63 bis 66 Informationen zu den „Inhalten des Angebotes". Fassen Sie die wesentlichen Aussagen in der nachfolgenden Übersicht stichwortartig zusammen.

	Gesetzliche Regelung	Vertragliche Regelungen
Art, Beschaffenheit und Güte der Ware	mittlere Art und Güte	• nach Augenschein • Güteklassen • Abbildungen und Beschreibungen • nach Probe
Lieferzeit		
Zahlungsbedingungen		
Verpackungskosten		

	Gesetzliche Regelung	Vertragliche Regelungen
Lieferbedingungen		
Menge		
Preisabzüge		

Übung 2.2: Die Inhalte des Angebotes

1. In einem Kaufvertrag wird vereinbart „Ziel 30 Tage". Was besagt diese Angabe?

_____

2. Der Mars Elektrofachmarkt Köln kauft Ware beim Großhändler in Düsseldorf. Besondere Vereinbarungen über den Erfüllungsort wurden nicht getroffen.

   a) Wo befindet sich der Erfüllungsort

   – für die Lieferung?

   _____

   – für die Zahlung?

   _____

   b) Welche vertragliche Regelung des Erfüllungsorts ist möglich, wenn der Käufer ein Kaufmann ist?

   _____
   _____
   _____

Übung 2.3: Anpreisung und Angebot

Handelt es sich in den folgenden Fällen um eine **Anpreisung** oder um ein **Angebot**?
Begründen Sie Ihre Entscheidung.

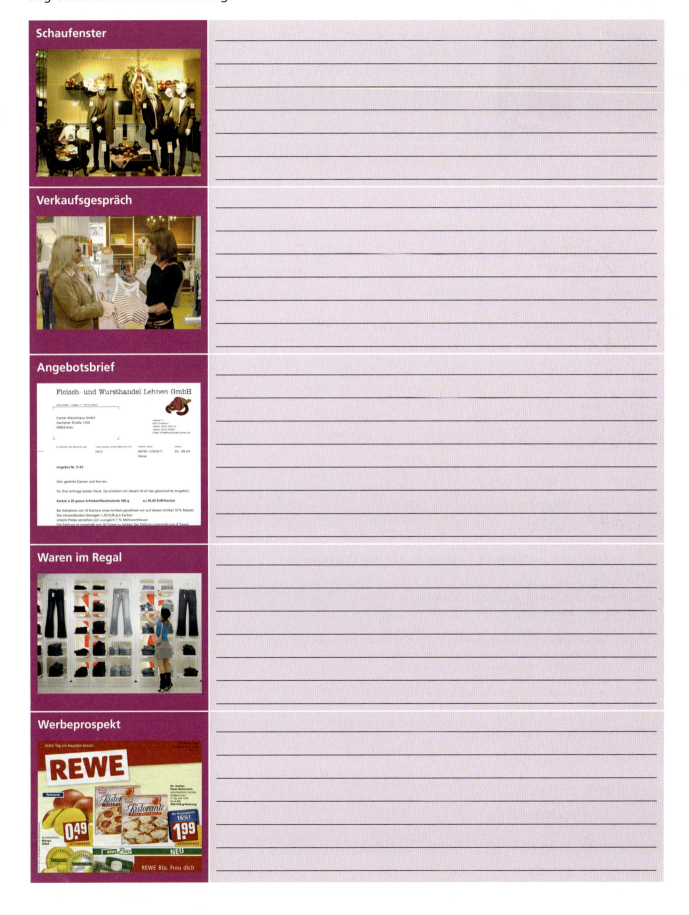

Lernsituation 3: Sie vergleichen die Angebote verschiedener Lieferanten

In der Einkaufsabteilung der Center Warenhaus GmbH treffen die Angebote der Lieferfirmen ein. Nachdem Sabine die Briefe gelesen hat, ist sie ratlos. „Wie sollen wir bei dieser Menge unterschiedlicher Angaben eine Entscheidung treffen?" Frau Öztürk lacht und beruhigt Sabine: „Das ist gar nicht so schwer, wie es jetzt aussieht. Wir führen einfach einen Angebotsvergleich durch. Ich zeige dir, wie das geht …"

Angebot 1

SCHMITZ KG
Wurstwaren

Lilienstraße 2
Schloss Holte-Stukenbrock
Telefon: 03527 48567
Telefax: 03527 48569

Schmitz Wurstwaren KG, Lilienstr. 2, 33758 Schloss Holte-Stukenbrock

Center Warenhaus GmbH
Aachener Straße 1250
50859 Köln

Ihr Zeichen, Ihre Nachricht vom	Unser Zeichen, unsere Nachricht vom	Telefon, Name	Datum
	bo-wi	03527 48567 -04 Bollmann	20..-09-04

Angebot 1334/Cbo

Sehr geehrte Damen und Herren,

besten Dank für Ihre Zuschrift. Hier das gewünschte Angebot:

Karton à 20 ganze Schinkenfleischwürste 500 g zu 26,00 EUR/Karton

Unsere Rabatte staffeln sich wie folgt:
– Abnahmemenge 10 Kartons → 5 % Rabatt
– Abnahmemenge 20 Kartons → 10 % Rabatt

Die Versandkosten belaufen sich auf 1,50 EUR je Karton.
Die Preise verstehen sich zuzüglich 7 % Mehrwertsteuer.
Die Zahlung ist innerhalb von 45 Tagen zu leisten.
Bei Zahlung innerhalb von 10 Tagen gewähren wir 2 % Skonto.
Die Lieferung erfolgt per Lkw sofort nach Bestellung.

Ermöglichen Sie es uns, Sie von unserer Leistung zu überzeugen.
Bitte erteilen Sie uns Ihren Auftrag.

Mit freundlichen Grüßen

Schmitz Wurstwaren

i. A. *Bollmann*

Bankverbindung	Telefon	Telefax	Komplementär	Handelsregister
Postbank Münster Bankleitzahl: 100 100 10 Kontonummer: 810 123-417	030 1018	030 1020	Robert Schmitz	Amtsgericht Münster HR A 71002

Angebot 2

Fleisch- und Wursthandel Lehnen GmbH

Lehnen GmbH * Liebigstr. 3 * 60313 Frankfurt

Center Warenhaus GmbH
Aachener Straße 1250
50859 Köln

Liebigstr. 3
60313 Frankfurt
Telefon: 06723 23577-0
Telefax: 06723 235826
E-Mail: info@Wursthandel-Lehnen.de

Ihr Zeichen, Ihre Nachricht vom	Unser Zeichen, unsere Nachricht vom	Telefon, Name	Datum
	he-sl	06706 155656-5 Hesse	20..-09-04

Angebot Nr. D-65

Sehr geehrte Damen und Herren,

für Ihre Anfrage besten Dank. Sie erhalten mit diesem Brief das gewünschte Angebot.

Karton à 20 ganze Schinkenfleischwürste 500 g   zu 30,00 EUR/Karton

Bei Abnahme von 10 Kartons eines Artikels gewähren wir auf diesen Artikel 10 % Rabatt.
Die Versandkosten betragen 1,45 EUR pro Karton
Unsere Preise verstehen sich zuzüglich 7 % Mehrwertsteuer.
Die Zahlung ist innerhalb von 30 Tagen zu leisten; bei Zahlung innerhalb von 8 Tagen gewähren wir 3 % Skonto.
Die Lieferung erfolgt per Lkw 48 Stunden nach Bestellung.

Erteilen Sie uns Ihren Auftrag, dessen prompte Erledigung wir Ihnen zusichern.

Mit freundlichen Grüßen

Fleisch- und Wurstwaren Lehnen GmbH

Hesse

Bankverbindung	Geschäftsführer	Handelsregister
Postbank Frankfurt BLZ 500 100 60 Konto-Nr. 811 857	Werner Waltermann	Amtsgericht Frankfurt HR B 343

Angebot 3

Metzgerei Großhandel AG

Metzgerei Großhandel AG, Kardinal-von-Gahlen-Str. 50–54

Center Warenhaus GmbH
Aachener Straße 1250
50859 Köln

Kardinal-van-Gahlen-Str. 50–54
50354 Hürth
Telefon: 02233 727230
Telefax: 02233 1485020

Ihr Zeichen, Ihre Nachricht vom	Unser Zeichen, unsere Nachricht vom	Telefon, Name	Datum
	Ja	0441 272929 -17 Jansen	20..-09-04

Angebot 23-09

Sehr geehrte Damen und Herren,

für Ihre Anfrage besten Dank. Sie erhalten mit diesem Brief das gewünschte Angebot:

Karton à 25 ganze Schinkenfleischwürste 500 g zu 33,00 EUR/Karton

Die Preise verstehen sich netto einschließlich Verpackung und
zuzüglich 7% Mehrwertsteuer.
Die Zahlung ist innerhalb von 40 Tagen zu leisten; bei Zahlung innerhalb von 14 Tagen gewähren wir 3% Skonto.
Die Lieferung erfolgt per Lkw unverzüglich nach Bestellungseingang frei Haus.

Ihren Auftrag werden wir sorgfältig ausführen.

Mit freundlichen Grüßen

Metzgerei Großhandel AG

Jansen

Bankverbindung
Stadtsparkasse Köln
BLZ 280 501 00
Konto-Nr. 281 009 272

Aufsichtsratsvorsitz:
Fiete Brewer
Geschäftsführer:
Karl Dallmann

Handelsregister
Amtsgericht
Köln
HR B 72006

Lernsituation 3

Beschreibung und Analyse der Situation

Planen Sie Ihr gemeinsames Vorgehen. Welche Arbeitsschritte fallen bei der Lösung der Aufgabenstellung an? Welche weiteren Informationen benötigen Sie?

Planen und Durchführen

Führen Sie mithilfe der nachfolgenden Tabelle einen Angebotsvergleich durch.

Bezugspreiskalkulation	Angebot 1 Schmitz Wurstwaren KG	Angebot 2 Fleisch- und Wurstwaren Lehnen GmbH	Angebot 3 Metzgerei Großhandel AG
Stückzahl	200	200	200
Listenpreis			
–			
= Zieleinkaufspreis			
–			
= Bareinkaufspreis			
+			
= Bezugspreis			
Bezugspreis pro Fleischwurst			

Bewerten

Treffen Sie eine **begründete Entscheidung** zugunsten eines Lieferanten. Führen Sie zu diesem Zweck eine Liefererbewertung durch. Tragen Sie zunächst alle Ihnen sinnvoll erscheinenden Bewertungskriterien in die linke Spalte der Tabelle ein und ergänzen Sie dann die Informationen zu den einzelnen Lieferanten (siehe auch Lehrbuch Lernfeld 6, Kapitel 2.3 Angebotsvergleich und Bestellung).

Lernsituation 3

Kriterien	Angebot 1 Schmitz Wurstwaren KG	Angebot 2 Fleisch- und Wurstwaren Lehnen GmbH	Angebot 3 Metzgerei Großhandel AG
Qualität	bekannt → gut	gut (Probe)	befriedigend (Probe)

Begründete Entscheidung:

_____
_____
_____
_____
_____

Lernergebnisse sichern

Stellen Sie Ihr Arbeitsergebnis im Plenum vor. Diskutieren Sie die in den einzelnen Arbeitsgruppen zugrunde gelegten Gewichtungen.

Übung 3.1: Bezugskalkulation

1. Die Center Warenhaus GmbH benötigt 120 Regenschirme. Es liegt folgendes Angebot vom Lieferer Müller-Jansen Schirmmode KG vor:

Karton mit 6 Stück zu 36,00 EUR, Verpackung 0,20 EUR je Karton, Mengenrabatt 10 %, Beförderungskosten 2 % vom Zieleinkaufspreis/Warenwert, Lieferzeit 3 Tage, Zahlungsbedingung: 3 % Skonto bei Zahlung innerhalb von 10 Tagen oder 40 Tage netto Kasse.

Wie hoch ist der Bezugspreis für einen Regenschirm?

Angaben aus dem Angebot	
Lieferername	
Listenpreis in EUR	
Stückzahl	
Rabatt in %	
Skonto in %	
Bezugskosten	
Bezugskalkulation	
Artikel	
Lieferer	
Listenpreis	
–	
= Zieleinkaufspreis	
–	
= Bareinkaufspreis	
+	
= Bezugspreis	
Bezugspreis je Schirm	

2. Der Mars Elektrofachmarkt bezieht 320 USB-Sticks zum Listeneinkaufspreis von 5,00 EUR je Stück. Der Lieferer gewährt 20 % Rabatt. Da der Einzelhändler innerhalb von 10 Tagen zahlt, zieht er 2,5 % Skonto ab. Der Bezugspreis für die gesamte Sendung beträgt 1.300,00 EUR.

a) Wie viel Euro beträgt der **Zieleinkaufspreis** für die Sendung? _____

b) Wie viel Euro beträgt der **Bareinkaufspreis** für die Sendung? _____

c) Wie viel **Cent** Bezugskosten entfallen auf ein Stück der Ware? _____

Lernsituation 3 – Übungsaufgaben

Angaben aus dem Angebot	
Artikel	
Listenpreis in EUR	
Stückzahl	
Rabatt in %	
Skonto in %	
Bezugskosten	

Bezugskalkulation	
Artikel	
Listenpreis	
–	
=	
–	
=	
+	
=	
Bezugskosten pro Stück	

Übung 3.2: Bezugskalkulation unter Berücksichtigung von Mengenabzügen

Der Lebensmitteldiscounter Schlegel erhält von der Metzgerei Schwarzwälder Schinken: 120 kg brutto, in Kartons zu 4,40 EUR je kg netto, Tara 2 %, Gutgewicht 2 %, Rabatt 15 %, Skonto 2 % bei Zahlung innerhalb 10 Tagen.
Wie hoch sind der **Listeneinkaufspreis** sowie der **Bareinkaufspreis je kg** vom Rechnungsgewicht?

Bezugskalkulation		
	Artikel	
	Bruttogewicht	
–		
=	Nettogewicht	
–		
=	Rechnungsgewicht	
	Listeneinkaufspreis	
–		
=		
–		
=	Bareinkaufspreis	
	Listeneinkaufspreis je kg:	
	Bareinkaufspreis je kg:	

Übung 3.3: Besondere Arten des Kaufvertrages

a) Formulieren Sie eine kurze Definition zu den in der nachfolgenden Übersicht aufgeführten Kaufvertragsarten.
   Kaufverträge, die nach den besonderen Lieferbedingungen bezeichnet werden:

Fixkauf	
Terminkauf	
Spezifikationskauf	
Kauf auf Abruf	
Ramschkauf	
Kauf nach Sicht	
Kommissionskauf	

Kaufverträge, die nach Art und Güte der Ware bezeichnet werden:

Kauf auf Probe	
Kauf nach Probe	
Kauf zur Probe	

Lernsituation 3 – Übungsaufgaben

Stückkauf	
Gattungskauf	

b) Bestimmen Sie, welche Kaufvertragsarten mit den folgenden Aussagen angesprochen werden.

Aussage	Kaufvertragsart
a) Das Center Warenhaus erhält eine Warensendung mit folgendem Schreiben (Auszug): „Aufgrund Ihrer schriftlichen Anfrage vom 02.04.20.. erhalten Sie das gewünschten TV-Gerät mit Rückgaberecht innerhalb von 14 Tagen."	
b) Der Lebensmitteldiscounter Schlegel nimmt aufgrund einer kostenlosen Probe ein TK-Fischgericht in sein Warensortiment neu auf.	
c) Der Mars Elektrofachmarkt vereinbart eine Warenlieferung bis zum 13.07.20..	
d) Für die jährlich im Betrieb stattfindende Weihnachtsfeier bestellt das Center Warenhaus: Ein Büfett für den 16.12.20.. um 19:00 Uhr fest.	
e) Das Center Warenhaus kauft für seine Schreibwarenabteilung Zeitschriften im eigenen Namen, aber für fremde Rechnung.	
f) Der Schlegel Lebensmitteldiscouter möchte seine Weinabteilung ausbauen und lässt sich deshalb von einem Weingut eine Ansichtssendung mit Weinen verschiedener Rebsorten und Qualitäten zusenden.	
g) Für ihre DOB-Abteilung hat die Center Warenhaus GmbH bei einem Lieferanten eine bestimmte Anzahl Blusen, T-Shirts und Kleider bestellt. Die näheren Einzelheiten werden innerhalb der nächsten sechs Wochen festgelegt.	
h) Für die Einrichtung der neuen Weinabteilung benötigt der Schlegel Supermarkt eine hölzerne Regalwand, die von einem Schreiner angefertigt wird.	
i) Der Mars Elektrofachmarkt möchte Lagerraum einsparen, trotzdem aber die Einkaufsvorteile für größere Bestellmengen in Anspruch nehmen.	

Abschlussprüfung Verkäufer/-in

Prüfungsgebiet: Warenwirtschaft und Rechnungswesen

Situation: Im Center Warenhaus werden alle Artikel in Artikeldateien entsprechend der Abbildung im Warenwirtschaftssystem erfasst.

Artikelnummer:	662/42355
Artikelbezeichnung:	„Hydralene" Feuchtigkeitscreme
Einheit:	Karton zu je 10 Stück
Lieferer:	Vital Kosmetik GmbH Sandwall 20–24 49477 Ibbenbühren
Lieferzeit:	8 Tage
Mindestbestand:	30 Stück
Höchstbestand:	300 Stück
Meldebestand:	

Datum	Zugang	Abgang	Bestand
03.02.20..			180
10.02.20.	120		300
22.02.20..		105	195
27.02.20..		50	145
28.02.20..		5	140

1. Aufgabe
Berechnen Sie für die Feuchtigkeitscreme „Hydralene" den Meldebestand in Stück, wenn Sie von einem durchschnittlichen Absatz von 9 Stück pro Tag ausgehen.

2. Aufgabe
Welcher Vorteil ergibt sich aus dieser Art der Erfassung für die Lagerverwaltung? Kreuzen Sie die richtige Antwort an.

1. Inventurdifferenzen werden dadurch verhindert. ☐
2. Die Qualität der Waren kann besser kontrolliert werden. ☐
3. Angaben über den Sollbestand sind ständig verfügbar. ☐
4. Auf Inventuren kann verzichtet werden. ☐
5. Die Personaleinsatzplanung der Lagermitarbeiter wird dadurch vereinfacht. ☐

3. Aufgabe
Bei der Inventur am 28.02.20.. ermitteln Sie für den Artikel „Hydralene" einen tatsächlichen Bestand von 110 Stück. Worauf kann die Differenz zurückzuführen sein? Kreuzen Sie die richtige Antwort an.

1. 10 Stück sind durch diebstahlbedingte Inventurdifferenzen verloren gegangen. ☐
2. Im Abgang sind 70 Stück zu viel erfasst worden. ☐
3. Es wurden 40 Stück mehr geliefert als bestellt und erfasst. ☐
4. Eine Umlagerung von 30 Stück in eine andere Filiale wurde nicht erfasst. ☐
5. Bei der Inventur wurden versehentlich 20 Stück zu viel gezählt. ☐

Abschlussprüfung Kaufmann/Kauffrau im Einzelhandel

Prüfungsgebiete: Einzelhandelsprozesse/Kaufmännische Handelstätigkeit

1. Aufgabe
Stellen Sie tabellarisch den Zielkonflikt dar, der sich bei Bestellungen in zu großen oder zu kleinen Mengen ergibt.

Große Bestellmenge	Kleine Bestellmenge
Vorteil:	Vorteil:
Nachteil:	Nachteil:

2. Aufgabe
Erläutern Sie die rechtliche Wirkung

2.1 einer Anfrage

2.2 eines Angebots

3. Aufgabe

Sowohl die Binger Elektro GmbH als auch die Nobis Techno KG haben eine Anfrage über **2.000 Stück** DVD-Rohlinge von Ihnen erhalten.
Inzwischen liegen die Angebote beider Unternehmen vor:

Die **Binger Elektro GmbH** bietet die DVD Rohlinge zum

Listenpreis von **11,80 EUR** je 20-Stück-Packung
bei 5 % Rabatt
sowie 3 % Skonto bei Zahlung innerhalb 8 Tagen
frei Haus an.

Die **Nobis Techno KG** bietet die DVD Rohlinge zum

Listenpreis von **11,20 EUR** je 20-Stück-Packung
ohne Abzug von Rabatt
sowie 2 % Skonto bei Zahlung innerhalb 10 Tagen
mit einer Transportpauschale in Höhe von 75,00 EUR an.

Führen Sie einen Angebotsvergleich durch.

Artikel: *DVD-Rohlinge*		
Bezugspreiskalkulation	**Binger Elektro GmbH**	**Nobis Techno KG**
Menge		
Listenpreis		
–		
=		
–		
=		
+		
=		
Bezugspreis pro 20 Stück		

4. Aufgabe

4.1 Nachdem der Lieferant für das Druckerpapier feststeht, bestellt der Einkauf. Welche grundsätzlichen Rechte und Pflichten ergeben sich aus diesem Kaufvertrag für den Käufer und für den Verkäufer?

_____
_____
_____
_____
_____

4.2 Erläutern Sie, in welcher Form die Bestellung vorgenommen werden sollte.

_____
_____
_____
_____

4.3 In welchen Fällen ist grundsätzlich eine Auftragsbestätigung notwendig? Führen Sie vier Beispiele an.

_____
_____
_____
_____

4.4 Welchen Teil der Versandkosten trägt der Verkäufer, wenn die Formulierung im Angebot „unfrei" lautet?

_____
_____
_____

„frei Haus" lautet?

_____
_____

5. Aufgabe

Kreuzen Sie die unten stehenden Vereinbarungen aus einem Kaufvertrag an, wenn sie den gesetzlichen Regelungen entsprechen.

1. Der Käufer trägt das Transportrisiko. ☐
2. Die Kosten der Versandverpackungen trägt der Verkäufer. ☐
3. Erfüllungsort ist der Geschäftssitz des Schuldners. ☐
4. Der Verkäufer hat die Ware unverzüglich zu liefern. ☐
5. Die Lieferung erfolgt frachtfrei. ☐
6. Bei Gattungsware ist Ware mittlerer Güte zu liefern. ☐

6. Aufgabe

Die Center Warenhaus GmbH entschließt sich dazu, ihr Sortiment im Bereich Haushaltswaren um moderne Porzellanartikel zu erweitern.

Bringen Sie die dazu nötigen Tätigkeiten in die richtige Reihenfolge, indem Sie die Ziffern 1 bis 5 in die Kästchen neben den Arbeitsschritten eintragen.

Sie prüfen und vergleichen die Angebote. ☐
Sie legen mit Ihrem Abteilungsleiter Artikelschwerpunkte fest. ☐
Sie schreiben Anfragen an Hersteller sowie Großhändler und fordern Muster an. ☐
Sie entscheiden sich für einen Lieferer. ☐
Sie suchen im Internet nach neuen Bezugsquellen. ☐

7. Aufgabe

Sie erhalten von zwei Lieferern Angebote über Müslischalen. Ermitteln Sie den Bezugspreis des günstigeren Angebots bei einer Abnahmemenge von 50 Stück.

	Angebot A	Angebot B
Artikel:	Müslischale „ISA"	Müslischale „Twix"
Listenpreis	7,90 EUR	8,29 EUR
Rabatt	(bei Abnahme von 100 Stück) 10 %	10 %
Skonto	3 %	2 %

8. Aufgabe

Folgende Daten zu einem Artikel aus dem Sortiment Lederwaren liegen Ihnen für den Monat September vor:

	Geldbörse „Roma"
Anfangsbestand in Stück 01.09.20..	8
Einkäufe in Stück	11
Rücksendungen an Lieferer in Stück	1
Bezugspreis pro Stück	17,94 EUR
Endbestand in Stück 30.09.20..	4
Bruttoverkaufspreis	29,90 EUR

Zu welchem Listenpreis wurde Ihnen die Geldbörse „Roma" angeboten, wenn Sie 3 % Skonto in Anspruch genommen haben und der Lieferer 10 % Rabatt gewährt hat?

Der Listenpreis für die Geldbörse „Roma" beträgt _____ .

LERNFELD 7

Waren annehmen, lagern und pflegen

Lernsituation 1: Aufgaben bei der Warenannahme wahrnehmen

Der Auszubildende Mehmet Aydin wird im Mars Elektrofachmarkt e. K. seit einer Woche in der Warenannahme im Lager eingesetzt. Kurz vor Ladenschluss kommt ein Frachtführer des Lieferers Elektro Bader KG und liefert drei Paletten mit Fernsehgeräten, Hi-Fi-Anlagen und verschiedenen Haushaltsgeräten. Damit Mehmet rechtzeitig nach Hause kommt, wirft er lediglich einen flüchtigen Blick auf die Paletten, quittiert dem Frachtführer den Empfang der Ware und stellt die drei Paletten in eine Ecke des Lagers. Am nächsten Morgen hat er die Warenlieferung schon vergessen. Zwei Tage später sieht Nicole Orth, die Verkaufsleiterin „Weiße Ware", die Kartons. Sie fordert Mehmet auf, die Waren unverzüglich auszupacken und zu überprüfen. Bei der Überprüfung der Waren stellt sich heraus, dass in drei Kartons mehrere Artikel beschädigt sind und sich in einem Karton nicht bestellte Artikel befinden. Frau Orth ist wütend auf Mehmet: *„Einem zukünftigen Kaufmann im Einzelhandel darf so etwas nicht passieren."* Mehmet entschuldigt sich damit, dass er wegen der Arbeitsbelastung noch nicht dazu gekommen ist, die Kartons zu prüfen. Außerdem könnten die festgestellten Mängel jetzt auch noch beim Lieferer gerügt werden.

Beschreibung und Analyse der Situation

Beschreiben Sie die Situation, in der sich Mehmet im Moment der Warenlieferung befand, und nehmen Sie zu seinem Verhalten Stellung.

_____
_____
_____
_____
_____
_____

Erläutern Sie mögliche Konsequenzen, die sich durch verspätete oder mangelhafte Prüfungen von Warensendungen für den Mars Elektrofachmarkt e. K. ergeben können.

_____
_____
_____
_____
_____
_____
_____

___

___

___

___

___

Klären Sie zunächst den Unterschied zwischen den Schlüsselworten *„sofort"* und *„unverzüglich"* im Zusammenhang mit der dargestellten Situation. Beschreiben Sie dann die Tätigkeiten beim Wareneingang in Ihrem Ausbildungsbetrieb. Was wird „sofort" und was wird „unverzüglich" gemacht?

Bedeutung von „sofort":

___

___

___

___

___

Bedeutung von „unverzüglich":

___

___

___

___

___

Tätigkeiten beim Wareneingang in meinem Ausbildungsbetrieb:

___

___

___

___

Planen

Erstellen Sie in der Gruppe eine allgemeingültige Checkliste für die Tätigkeiten beim Wareneingang – von der Ankunft der Lieferung bis zur Lagerung der Ware oder deren Platzierung im Verkaufsraum. Die Ergebnisse Ihrer Arbeit sollen Sie später bei der Demonstration einer vorbildlichen Warenannahme nutzen.

Checkliste: Tätigkeiten beim Wareneingang			
Schritt	Tätigkeit	☑ ☒

Vergleichen Sie die Checklisten der einzelnen Gruppen miteinander und führen Sie die einzelnen Ergebnisse zu einer gemeinsamen Checkliste zusammen, mit der im weiteren Verlauf des Unterrichts einheitlich gearbeitet wird.

Durchführen und Bewerten

Demonstrieren Sie in Rollenspielen – zunächst in der Kleingruppe, später vor der Klasse – ein vorbildliches Verhalten beim Wareneingang. Wählen Sie als Beispiel eine beliebige Warenlieferung. Als Rollenspieler brauchen Sie einen Frachtführer und mindestens eine Person in der Warenannahme. Diese sollte alle Tätigkeiten, die Sie durchführt, erklären.

Die Beobachter des Rollenspiels prüfen mittels der Checkliste, ob alle erforderlichen Tätigkeiten durchgeführt werden.

Ein Tipp: Legen Sie sich ausreichend Papier bereit, sodass Sie die Nutzung der unterschiedlichen Dokumente (z. B. Bestellung, Lieferschein, Rechnung) und Formulare (z. B. Schadensprotokoll) auch darstellen können.

Lernergebnisse sichern

Erstellen Sie eine Mind-Map zu den Tätigkeiten beim Wareneingang. Die Hauptäste sind bereits vorgegeben. Nutzen Sie die bisherigen Ergebnisse und ihr Lehrbuch.

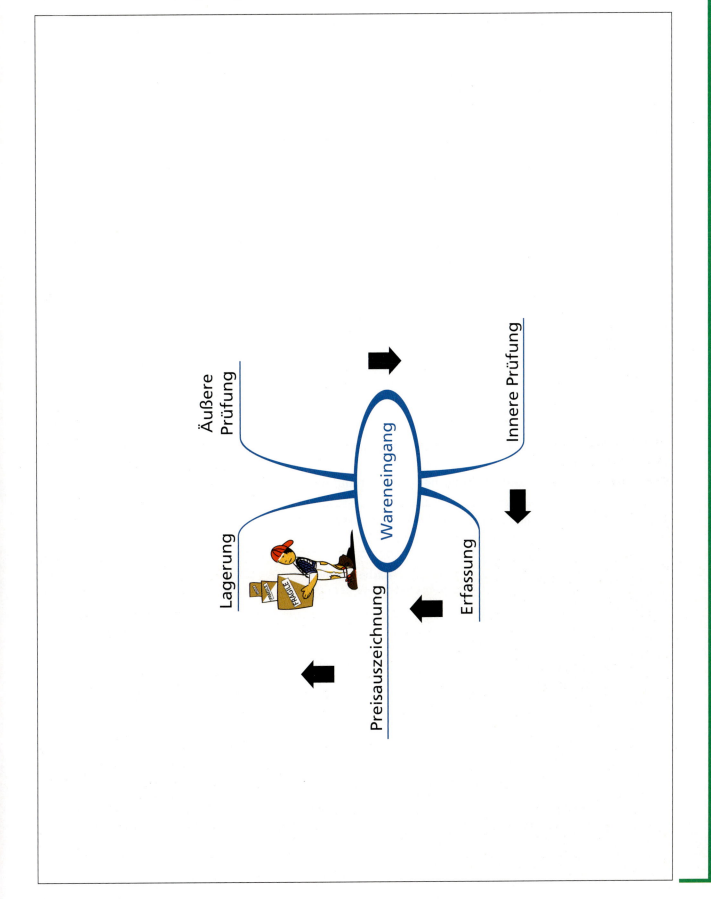

Übung 1.1: Mängelarten unterscheiden

Verbinden Sie die Mängelarten mit den passenden Beispielen.

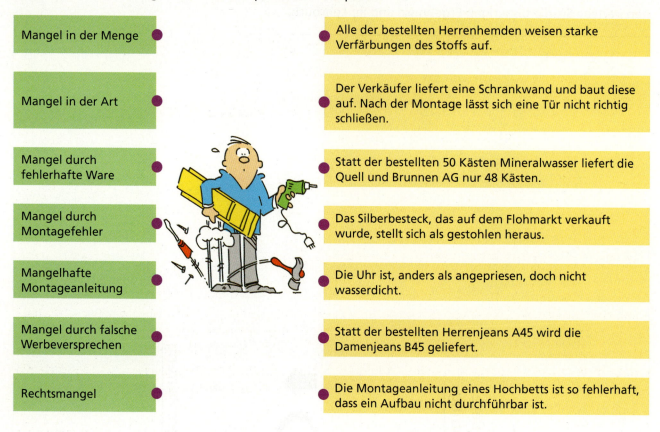

Mängelart	Beispiel
Mangel in der Menge	Alle der bestellten Herrenhemden weisen starke Verfärbungen des Stoffs auf.
Mangel in der Art	Der Verkäufer liefert eine Schrankwand und baut diese auf. Nach der Montage lässt sich eine Tür nicht richtig schließen.
Mangel durch fehlerhafte Ware	Statt der bestellten 50 Kästen Mineralwasser liefert die Quell und Brunnen AG nur 48 Kästen.
Mangel durch Montagefehler	Das Silberbesteck, das auf dem Flohmarkt verkauft wurde, stellt sich als gestohlen heraus.
Mangelhafte Montageanleitung	Die Uhr ist, anders als angepriesen, doch nicht wasserdicht.
Mangel durch falsche Werbeversprechen	Statt der bestellten Herrenjeans A45 wird die Damenjeans B45 geliefert.
Rechtsmangel	Die Montageanleitung eines Hochbetts ist so fehlerhaft, dass ein Aufbau nicht durchführbar ist.

Übung 1.2: Rechte des Käufers aus der Mängelrüge

Ordnen Sie die in dem Kasten befindlichen Rechte in das nachfolgende Schema ein.

Rücktritt vom Kaufvertrag / Minderung des Kaufpreises / Schadenersatz statt der Leistung / Nachbesserung / Ersatz vergeblicher Aufwendungen / Ersatzlieferung

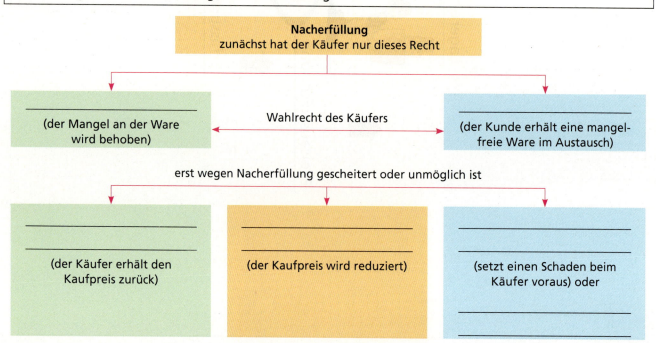

Übung 1.3: Rechtsfolgen der Mängelrüge

Ordnen Sie die Begriffe aus Übung 1.2 erneut zu. Diesmal geht es darum, in welchen Fällen der Kaufvertrag bestehen bleibt und in welchen Fällen dies nicht der Fall ist.

Rechte des Käufers

Kaufvertrag bleibt bestehen	Kaufvertrag wird aufgelöst
_____	_____
_____	_____
_____	_____
_____	_____

Übung 1.4: Einen Mangel rügen und klug verhandeln

Bei der Wareneingangskontrolle einer Lieferung der Elektro Bader KG vom 24. Juni 20.. stellt Mehmet Aydin den folgenden Mangel fest: Statt der bestellten zehn „Sumsang" LCD-Flat-TV vom Typ 47PFL7642 wurde der Typ 42PFL7762D geliefert. Mehmet wendet sich mit diesem Mangel per E-Mail an Herrn Wieman, dem Ansprechpartner des Lieferers (wiemann@elektro-bader-kg.de). Mehmet möchte die bestellten Geräte möglichst rasch geliefert bekommen. Sein Vorgesetzter Herr Kraft meint zudem, dass auch die falsch gelieferten Geräte behalten werden könnten – allerdings nur zu einem besonders günstigen Preis. Schreiben Sie eine entsprechende E-Mail an Herrn Wiemann:

Lernsituation 2: Eine Nicht-Rechtzeitig-Lieferung (Lieferungsverzug) bearbeiten

Der Mars Elektrofachmarkt e. K. hat für eine geplante Werbeaktion beim Lieferer Elektro Bader KG einige Waren bestellt, u. a. neu entwickelte DVD-Player, die bisher von keinem anderen Lieferer bezogen werden können, Fernsehgeräte, Hi-Fi-Anlagen und Haushaltselektrogeräte. Als Liefertermin wurde „ab Mitte Februar" vereinbart. Die Werbeaktion ist für die Verkaufswoche vom 23. Februar bis zum 28. Februar geplant. Am 16. Februar stellt der Mars Elektrofachmarkt fest, dass die bestellten Waren noch nicht eingetroffen sind. Mehmet Aydin wird damit beauftragt, beim Lieferer den Grund für die Lieferverzögerung zu erfragen. Bei der telefonischen Rückfrage erfährt Mehmet, dass die Waren aufgrund einer produktionsbedingten Störung teilweise erst in zwei Wochen geliefert werden sollen.

Mehmet besteht auf sofortige Lieferung und teilt dies dem Lieferer per Fax mit.

Beschreibung und Analyse der Situation

Beschreiben Sie das Problem, in dem sich der Mars Elektrofachmarkt e. K. befindet.

_____
_____
_____
_____
_____
_____

Schildern Sie die Interessenslage der Elektro Bader KG.

_____
_____
_____
_____
_____
_____
_____
_____

Beurteilen Sie die im Kaufvertrag vereinbarte Lieferbedingung „ab Mitte Februar" aus der Perspektive des Mars Elektrofachmarkts e.K. und erläutern Sie die rechtlichen Konsequenzen dieser Vereinbarung.

_____
_____

Planen

Nachdem er das Fax versendet hat, nimmt Mehmet an einer Besprechung der Verkaufsleiter teil. Frau Bauer, zuständig für das Marketing, ergreift das Wort: *„Ob wir nun im Recht sind oder nicht und ob wir uns rechtlich gegenüber Elektro Bader durchsetzen können, ist mir im Moment weniger wichtig. Wir sollten vielmehr aus unseren Fehlern für die nächste Aktion lernen und nun erst einmal schauen, wie wir das aktuelle Problem lösen. Ich werde gleich bei Elektro Bader anrufen – dafür brauche ich aber eine Verhandlungsstrategie ..."*

Teilen Sie die Klasse in Gruppen ein. Mindestens je zwei Gruppen sollten aus der Perspektive des Mars Elektrofachmarktes e. K. bzw. der Elektro Bader KG einen begründeten Vorschlag zur Lösung des Problems entwickeln und sich so auf das anstehende Telefongespräch vorbereiten. Lesen Sie zuvor aufmerksam Ihre Rollenkarte.

Rollenkarte: Herr Wiemann von der Elektro Bader KG

Sie haben soeben das Fax des Mars Elektrofachmarktes e. K. erhalten und sind sehr überrascht. Ihnen war nämlich nicht bekannt, dass die bestellte Ware für eine Werbeaktion gedacht war und entsprechend dringend benötigt wird. Dem Wunsch nach sofortiger Lieferung könnten Sie nur zum Teil nachkommen. Etwa ein Drittel der bestellten Geräte können Sie erst in zwei Wochen liefern. Betroffen sind vor allem die DVD-Player, die mit neuester Technologie entwickelt wurden. Diese kann man derzeit nur bei Ihrem Unternehmen erhalten und Sie können derzeit nur zwei Geräte (statt der bestellten 60) liefern. Außerdem sind 15 (von 40) Fernsehgeräte von der Lieferverzögerung betroffen. Diese hatten Sie dem Elektrofachmarkt für einen besonders guten Preis angeboten. Die Fernsehgeräte verkauft auch Ihre Konkurrenz – allerdings zu einem höheren Preis. Am liebsten möchten Sie natürlich den gesamten Umsatz ohne zusätzliche Kosten realisieren. Sie schätzen den Elektrofachmarkt als wichtigen Kunden.

Rollenkarte: Frau Bauer vom Mars Elektrofachmarkt e. K.

Für die Werbeaktion brauchen Sie die bestellte Ware unbedingt und sind daher verärgert über das Lieferproblem der ansonsten zuverlässigen Elektro Bader KG. Bezüglich der nicht lieferbaren 60 neuen DVD-Player sehen Sie keine Chance, die Ware rechtzeitig im Geschäft zu haben, sodass Sie hier über eine kundenfreundliche Alternative nachdenken. Die außerdem fehlenden 15 Fernseher (von insgesamt 40) wollen Sie jedoch auf jeden Fall zu der Werbeaktion im Geschäft haben, da Sie diese mit einem sehr günstigen Preis beworben haben. Hier rechnen Sie mit einer starken Nachfrage und wollen die Kunden nicht verärgern. Sie fühlen sich im Übrigen als guter Kunde der Elektro Bader KG und erwarten, dass diese Ihnen entgegenkommt.

Unser Vorschlag aus der Perspektive von _____

_____
_____
_____
_____
_____
_____
_____
_____
_____
_____

Unsere Begründung:

_____
_____
_____
_____
_____
_____
_____
_____
_____
_____

Besprechen Sie in der Gruppe eine Erfolg versprechende Verhandlungsstrategie. Tipps hierzu finden Sie in Ihrem Lehrbuch.

Durchführen und Bewerten

Führen Sie die telefonische Verhandlung in zwei Rollenspielen durch. Jede Gruppe bestimmt eine Person, die ihre Position vertritt. Da es sich um ein Telefonat handelt, ist es günstig, wenn die **Rollenspieler** keinen Blickkontakt haben. Sie sollten sich daher z. B. Rücken an Rücken setzen. Als **Beobachter** machen Sie sich nach jedem Rollenspiel zunächst einige Notizen. Mit diesen Notizen wird es Ihnen leichtfallen, Ihren Mitschülerinnen und Mitschülern ein **konstruktives Feedback** zu geben:

Beobachtungsbogen zu den Rollenspielen

1. Rollenspiel

Rolle	Frau Bauer			Herr Wiemann		
Beobachtungsmerkmal:	Die Vorschläge wurden klar und verständlich vorgetragen.					
Kurzbewertung:	☹	😐	☺	☹	😐	☺
Kommentar:						
Beobachtungsmerkmal:	Die Vorschläge wurden nachvollziehbar begründet.					
Kurzbewertung:	☹	😐	☺	☹	😐	☺
Kommentar:						
Beobachtungsmerkmal:	Es wurde auf den Gesprächspartner eingegangen.					
Kurzbewertung:	☹	😐	☺	☹	😐	☺
Kommentar:						
Kurzbewertung:	☹	😐	☺	☹	😐	☺
Kommentar:						
Beobachtungsmerkmal:	Der Gesprächston war stets freundlich.					
Kurzbewertung:	☹	😐	☺	☹	😐	☺
Kommentar:						
Kurzbewertung:		☹		😐		☺
Kommentar:						

2. Rollenspiel

Rolle	Frau Bauer			Herr Wiemann		
Beobachtungsmerkmal:	Die Vorschläge wurden klar und verständlich vorgetragen.					
Kurzbewertung:	☹	😐	☺	☹	😐	☺
Kommentar:						
Beobachtungsmerkmal:	Die Vorschläge wurden nachvollziehbar begründet.					
Kurzbewertung:	☹	😐	☺	☹	😐	☺
Kommentar:						
Beobachtungsmerkmal:	Es wurde auf den Gesprächspartner eingegangen.					
Kurzbewertung:	☹	😐	☺	☹	😐	☺
Kommentar:						
Beobachtungsmerkmal:	Die Bereitschaft zu einem Kompromiss war erkennbar.					
Kurzbewertung:	☹	😐	☺	☹	😐	☺
Kommentar:						
Beobachtungsmerkmal:	Der Gesprächston war stets freundlich.					
Kurzbewertung:	☹	😐	☺	☹	😐	☺
Kommentar:						
Beobachtungsmerkmal:	Das Gespräch brachte klare Ergebnisse.					
Kurzbewertung:		☹		😐		☺
Kommentar:						

Lernergebnisse sichern

Erläutern Sie, wie der Mars Elektrofachmarkt e. K. bei der nächsten Werbeaktion und entsprechenden Sonderbestellungen seine rechtliche Position gegenüber Lieferern stärken kann.

Der Mars Elektrofachmarkt ist im vorliegenden Fall am 16. Februar auf die Lieferschwierigkeit aufmerksam geworden. Die Lieferung wurde jedoch bereits für den 23. Februar benötigt. Geben Sie eine Empfehlung ab, damit in Zukunft früher auf Lieferprobleme reagiert werden kann.

_____
_____
_____
_____
_____
_____
_____
_____
_____
_____

Fassen Sie die wichtigsten Ergebnisse aus den beobachteten Verhandlungen zusammen. Welche Verhandlungsstrategie hat sich bewährt?

_____
_____
_____
_____
_____
_____
_____
_____
_____

Übung 2.1: Eine Nicht-Rechtzeitig-Lieferung rügen

Der Mars Elektrofachmarkt e. K., Aachener Str. 1250, 50859 Köln, hat am 8. August 20.. entsprechend einem Angebot bei der Office Schmidt GmbH, Licher Str. 155, 44141 Dortmund, Bürotische für seinen Konferenz- und Schulungsraum bestellt. Die Office Schmidt GmbH hat sich vertraglich verpflichtet, die Bürotische zwischen dem 1. und dem 5. Oktober 20.. zu liefern. Heute, am 20. Oktober, sind die Bürotische immer noch nicht geliefert.

Verfassen Sie einen Brief an die Office Schmidt GmbH, in dem die Nicht-Rechtzeitig-Lieferung gerügt wird.

MARS
ELEKTROFACHMARKT E. K.

Mars Elektrofachmarkt e. K., Aachener Straße 1250, 50859 Köln

USt-ID.-Nr.: DE-583442583
Steuernummer: 223/337/2973

| Ihr Zeichen, Ihre Nachricht vom | Unser Zeichen, unsere Nachricht vom | Telefon, Name | Datum |

Geschäftsräume
Aachener Straße 1250
50859 Köln

Telefon
0221 161070-5

Telefax
0221 170088

Kontoverbindungen
Postbank Köln BLZ 370 100 50 Kto.-Nr 340731420
Kreissparkasse BLZ 370 502 99 Kto.-Nr 013600564

Geschäftsführerin: Dipl.-Kauffrau Daniela Mars · Amtsgericht Köln HRBHA 6851

Übung 2.2: Unfallschutz im Lager (und anderswo)

Die Kenntnis von Sicherheitskennzeichen dient dem Erhalt Ihrer Gesundheit und kann in einem Ernstfall Leben retten.

Man unterscheidet bei den Sicherheitszeichen folgende **Kategorien**:

– Verbotszeichen	– Warnzeichen	
– Gebotszeichen	– Rettungszeichen	– Brandschutzzeichen

Arbeitsauftrag

Klären Sie, welche Bedeutung die jeweiligen Zeichen haben (mittlere Spalte) und welcher Kategorie von Sicherheitszeichen sie zuzuordnen sind (rechte Spalte).

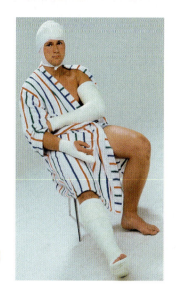

Zeichen	Bedeutung	Kategorie	Zeichen	Bedeutung	Kategorie
Feuerlöscher (Symbol)			Telefon (Symbol)		
Notausgang (Symbol)			Warnzeichen (Symbol)		
Rutschgefahr (Symbol)			Hände waschen (Symbol)		
Mit Wasser löschen verboten (Symbol)			Brandmeldetelefon (Symbol)		
Rollstuhlfahrer (Symbol)			Mobilfunkverbot (Symbol)		

Bedeutungen: Notruftelefon / Hände waschen / Für Rollstuhlfahrer / Allgemeine Gefahrenstelle / Mobilfunkverbot / Feuerlöscher / Notausgang links / Brandmeldetelefon / Mit Wasser löschen verboten / Rutschgefahr

Lernsituation 3: Eine Inventur planen und durchführen

Am 28.11. finden die Mitarbeiter des Mars Elektrofachmarkts e.K., u.a. auch Mehmet Aydin, folgende Mitteilung am Schwarzen Brett:

Betriebsvereinbarung zur diesjährigen Inventur

Unsere diesjährige Inventur findet am **Samstag, dem 21. Dezember ab 14.30 Uhr** und am **Sonntag, dem 22. Dezember ab 09:00 Uhr** statt.

Wir bitte Sie, sich für diese Zeit bereitzuhalten.

Geschäftsleitung *Daniela Mars*

Betriebsrat *Nico Bonnet*

Frau Feld hat zudem einen Auftrag für die Auszubildenden: *„Damit Sie die Herausforderungen und Schwierigkeiten bei einer Inventur sowie deren Bewältigung lernen, möchte ich, dass Sie alle vorab die Weiße Ware erfassen. Ihr Inventurergebnis werden wir dann überprüfen."*

Beschreibung und Analyse der Situation

Erläutern Sie mögliche Gründe für die Durchführung der Inventur im oben genannten Zeitraum.

Beschreiben Sie die Herausforderungen, die die Auszubildenden nun zu meistern haben.

Tauschen Sie im Klassengespräch Ihre Erfahrungen mit der Organisation und Durchführung von Inventurarbeiten in Ihrem Ausbildungsbetrieb aus.

Erklären Sie, welche Ziele die Inventur verfolgt.

___

Planen

Planen Sie eine Inventur des Verkaufsraums/Verkaufsstudios in Ihrer Schule, die Sie später durchführen.[1]

1. Schritt:

Entwickeln Sie einen **Ablaufplan** zur Durchführung der Inventur. Dieser sollte eine Übersicht liefern …

○ wer	○ welche Ware	○ wo	○ wann

erfasst.

Skizzieren Sie Ihren Plan zusätzlich auf einer Folie/einem Plakat und stellen Sie ihn in der Klasse vor. Einigen Sie sich in der Klasse auf die Nutzung eines Organisationsplans.

Inventurablaufplan			
Klasse:	Zeitraum:		
Name/Team	Artikelgruppe	Ort	Zeit

2. Schritt

Bevor Sie nun eine **Inventurliste** erstellen, sollten Sie die folgenden zentralen Aufgaben bearbeiten:

a) Begründen Sie, warum die Artikel mit Ihrem Bezugs-/Einstandspreis bewertet werden müssen.

___

[1] Sollte Ihre Schule über keinen Verkaufsraum verfügen, wählen Sie als Alternative gruppenweise einen abgegrenzten Bereich/eine Warengruppe in Ihrem Ausbildungsbetrieben.

b) Ware, die nur noch mit Preisminderungen oder nur noch kurzfristig oder gar nicht mehr verkäuflich ist, muss mit Wertabschlägen bewertet werden. Legen Sie fest, welche Gründe zu unterschiedlichen Wertabschlägen führen sollen. Nutzen Sie dazu die folgende Tabelle:

Beschaffenheit der Ware			
• einwandfrei			• defekte Ware
			• Ablauf MHD
▽	▽ „Note"	▽	▽
1	2	3	4
Wertabschlag in % vom Bezugs-/Einstandspreis			
0 %	30 %	60 %	100 %

Erstellen Sie nun in **Inventurlisten**. Diese sollten folgende Angaben enthalten:

- handelsübliche Bezeichnungen der Artikel,
- genaue Mengen nach Zahl, Maßen, Volumen (z. B. Liter), Größen und Gewichten,
- Bezugs-/Einstandspreis (den müssen Sie im Verkaufsraum der Schule unter Umständen schätzen),
- Angabe zur Beschaffenheit der Ware,
- Wert je Einheit und den Gesamtwert des jeweiligen Postens,
- Datum der Bestandsaufnahme und die Unterschriften der mit der Inventur beauftragten Personen.

Hilfe für diese Aufgabe finden Sie in Ihrem Lehrbuch.

Inventurliste _____ Aufnahmetag und Zeitraum: _____
Aufnahmeort: _____

Nr.	Gegenstand		Festgestellte		Auszeichnungspreis	Bezugs-/ Einstandspreis	Minus		Inventurwert
	Handelsübliche Bezeichnung	Beschaffenheit	Menge/ Anzahl	Stück, kg, m			%	Wertabschlag	
1	Entsafter Siemes	2	1	Stück	99,00	60,00	30	18,00	42,00

Durchführen und Bewerten

Führen Sie die Inventur in Partnerarbeit gemäß Ihrem Inventurablaufplan durch. Beurteilen Sie anschließend Ihre Vorbereitung und die Ausführung der Inventur mit den folgenden Hilfsfragen:

Wie hat sich der Inventurablaufplan bewährt?
___

Wie hilfreich war unsere Inventurliste/was sollten wir an der Liste ändern?
___

Auf welche Schwierigkeiten sind wir gestoßen?
___

Was haben wir getan, um die Schwierigkeiten zu bewältigen?
___

Lernergebnisse sichern

Erstellen Sie eine Mind-Map oder eine Zusammenfassung, die Ihnen bei einem drei- bis fünfminütigen **Vortrag** zur Inventur hilft. Dabei sollten Sie auf die folgende Aspekte eingehen können:

a) Vorbereitung der Inventur – was muss alles beachtet und entschieden werden?
b) Hilfsmittel zur Durchführung der Inventur – was hilft bei einer reibungslosen und zügigen Inventur?
c) Bewertungsprobleme – Warum ist eine angemessene Bewertung der Artikel so wichtig und wie kann man dabei vorgehen?

Lassen Sie sich nach Ihrem Vortrag ein Feedback geben.
___

Übung 3.1: Inventurwerte ermitteln

Inventur in der Center Warenhaus GmbH. Tragen Sie folgende Aufnahmeergebnisse von Nicole Höver und Sabine Freund vom 28.12. in die Inventurliste ein und ermitteln Sie die jeweiligen Inventurwerte:

Abteilung: Elektro/Lampen

a) N 301, 13 Nachttischlampen „Luna", Verkaufspreis 98,00 EUR, Bezugspreis 53,90 EUR, davon eine mit Rissen am total verbeulten Schirm
b) N 311, 5 Nachttischlampen „Solar 2000", Verkaufspreis 178,00 EUR, Bezugspreis 97,90 EUR
c) H 520, 8 Hängelampen „Design", Verkaufspreis 218,00 EUR, Bezugspreis 76,30 EUR, an einer Hängelampe Kratzer am Gehäuse (kaum sichtbar)
d) H 550, 4 Hängelampen „Rustikal", Verkaufspreis 248,00 EUR, Bezugspreis 99,20 EUR

Inventurliste der Colonia Warenhaus GmbH
Abteilung/Lagerort/Fach: Elektro/Lampen — Aufnahmetag: 28.12.20..

Waren-Nr.	Gegenstand		Festgestellte		Verkaufspreis	Einstandspreis	Minus		Inventurwert
	Handelsübliche Bezeichnung	Beschaffenheit	Menge/Anzahl	Stück, kg, m			%	Wertabschlag	
N 301	Nachttischlampe „Luna"	einwandfrei	12	Stück	98,00	53,90	—	—	646,80
N 301	Nachttischlampe „Luna"	Schirm total verbeult	1	Stück	98,00	53,90	50	26,95	26,95
N 311	Nachttischlampe „Solar 2000"	einwandfrei	5	Stück	178,00	97,90	—	—	489,50
H 520	Hängelampe „Design"	einwandfrei	7	Stück	218,00	76,30	—	—	534,10
H 520	Hängelampe „Design"	Kratzer am Gehäuse	1	Stück	218,00	76,30	10	7,63	68,67
H 550	Hängelampe „Rustikal"	einwandfrei	4	Stück	248,00	99,20	—	—	396,80

Datum — aufgenommen — geprüft

Übung 3.2: Ein Inventar erstellen/Inventare vergleichen

Das Warenhaus Ludwig & Co. KG, Hannover, stellte bei der Inventur am 31.12.20.. (Vorjahr) und am 31.12. des folgenden Jahres (Berichtsjahr) folgende Werte fest:

INVENTARVERGLEICH	31.12.20.(-1) -> Vorjahr		31.12.20..-> Berichtsjahr	Abweichung zum Vorjahr	
Art, Menge, Einzelwert	EUR	EUR	EUR	EUR	EUR	%
A. Vermögen					
I Anlagevermögen					
1. Gebäude, Ring 18-20		180.000,00		175.000,00	-5.000,00	-2,78%
2. Fuhrpark		25.000,00		20.000,00	-5.000,00	-20,00%
3. Geschäftsausstattung		65.000,00		58.000,00	-7.000,00	-10,77%
II Umlaufvermögen					
1. Warenbestände					
Textilien	90.000,00		90.000,00			
Nahrungs- und Genussmittel	60.000,00		65.000,00			
Haushaltswaren	45.000,00		40.000,00			
Elektrogeräte	38.000,00		60.000,00			
Möbel	60.000,00		70.000,00			
Sonstige Waren	80.000,00	373.000,00	100.000,00	425.000,00	52.000,00	13,94%
2. Forderungen		4.000,00		6.000,00	2.000,00	50,00%
3. Guthaben bei der Stadtsparkasse		25.000,00		40.000,00	15.000,00	60,00%
4. Bargeld		6.000,00		8.000,00	2.000,00	33,33%
Gesamtvermögen		**678.000,00**		**732.000,00**	**54.000,00**	**7,96%**
B. Schulden					
II Langfristige Schulen					
Darlehen bei der Niedersachsen Bank		50.000,00		35.000,00	-15.000,00	-30,00%
I Kurzfristige Schulden					
Verbindlichkeiten					
F. Grosser Import OHG, Hamburg	15.000,00		20.000,00			
Möbel König e.K., Mainz	10.000,00		8.000,00			
Elektro AG, Berlin	17.000,00		12.000,00			
Lebensmittelimport KG, Bremen	14.000,00	56.000,00	11.000,00	51.000,00	-5.000,00	-8,93%
Gesamtschulden		**106.000,00**		**86.000,00**	**-20.000,00**	**-18,87%**
C. Errechnung des Eigenkapitals					
Gesamtvermögen		678.000,00		732.000,00	54.000,00	7,96%
- Gesamtschulden		106.000,00		86.000,00	-20.000,00	-18,87%
Eigenkapital = Reinvermögen		**572.000,00**		**646.000,00**	**74.000,00**	**12,94%**

a) Erstellen Sie den Inventarvergleich mit einem Tabellenkalkulationsprogramm.

_____

b) Beschreiben Sie Veränderungen des Anlage- und Umlaufvermögens und der Schulden und nennen die möglichen Ursachen für diese Entwicklung.

_____
_____
_____
_____

c) Geben Sie die Formeln für die unterlegten Felder an:

H 15
H 19
H 30
H 33

H 34
H 35
K 5
L 5

Übung 3.3: Lagerkennziffern

Zur Kontrolle und Optimierung der Lagerbewegungen und der Lagerkosten ermittelt ein Einzelhändler in seinem Unternehmen Lagerkennziffern.

a) Beschreiben Sie die Aussage der „Umschlagshäufigkeit (UH)". Geben Sie dann die Formel zur Berechnung der UH an.

_____
_____
_____
_____
_____

b) Beschreiben Sie die Aussage der „durchschnittlichen Lagerdauer (Ø LD)". Geben Sie dann die Formel zur Berechnung der Ø LD an.

_____
_____
_____
_____

c) Machen Sie drei Vorschläge zur Senkung der durchschnittlichen Lagerdauer.

_____
_____
_____
_____

d) Nennen Sie vier Beispiele für Lagerkosten.

_____
_____
_____
_____

e) Ein Einzelhändler klagt: „Wir haben im Lager zu viel totes und verwesendes Kapital, das richtig teuer ist."

ea) Erläutern Sie diese Aussage und nutzen Sie dabei Fachbegriffe.

_____
_____
_____
_____
_____
_____
_____
_____

eb) Die Center Warenhaus GmbH hat für ihren Lagerbestand eine durchschnittliche Lagerdauer von 30 Tagen errechnet. Für Geldeinlagen wird der Center Warenhaus GmbH von der Deutschen Bank in Köln ein Zinssatz von 6 % geboten. Berechnen Sie den Lagerzinssatz.

ec) Die Center Warenhaus GmbH hat einen durchschnittlichen Lagerbestand von 800.000,00 EUR. Berechnen Sie die Lagerzinsen.

f) Erklären Sie anhand von drei Beispielen, wie Lagerkosten gesenkt werden können.

_____
_____
_____
_____
_____
_____
_____
_____
_____
_____
_____

Abschlussprüfung Verkäufer/-in

Prüfungsgebiet: Wirtschafts- und Sozialkunde

1. Aufgabe
Aufgrund einer Bestellung erhalten Sie Büromöbel. Anstelle des bestellten Schreibtisches „Konsul" (120 x 150 cm, Eiche) wird jedoch der Schreibtisch „Fredo" (100 x 200 cm, Buche) geliefert. Welche Art von Mangel liegt vor?

1. Ein Mangel in der Menge ☐
2. Ein Mangel in der Güte ☐
3. Ein versteckter Mangel ☐
4. Ein Mangel in der Art ☐
5. Ein Mangel in der Beschaffenheit ☐

2. Aufgabe
Sie entdecken im Lagerraum Ihres Ausbildungsbetriebes ein Feuer, das durch Kabelbrand entstanden ist. Welche Maßnahme dürfen Sie in diesem Fall nicht anwenden?

1. Sie alarmieren über Telefon die Feuerwehr. ☐
2. Sie versuchen, den Brand mit einem Eimer Wasser zu löschen. ☐
3. Sie betätigen den Feuermelder und lösen Feueralarm aus. ☐
4. Sie nehmen einen Feuerlöscher mit Löschpulver und löschen das Feuer. ☐
5. Sie bewahren Ruhe und melden das Feuer in der Telefonzentrale. ☐

3. Aufgabe
In Ihrem Ausbildungsbetrieb fällt Verpackungsmaterial an. Sie prüfen unterschiedliche Handlungsmöglichkeiten unter dem Umweltaspekt. Ordnen Sie zu, indem Sie die Kennziffern von zwei der insgesamt vier Handlungsmöglichkeiten in die Kästchen neben den Müllstrategien eintragen!

Handlungsmöglichkeiten	Müllstrategien
1. Die Ware wird vom Hersteller in Leihverpackungen geliefert. Die Verpackungen gehen an den Lieferer zurück.	Wertstoffrecycling ☐
2. Verpackungen kann der Kunde sofort im Geschäft entsorgen.	
3. Anfallende Verpackungen werden einem Entsorgungssystem zugeführt und wiederverwertet.	Wiederverwendung ☐
4. Es wird eine Abteilung mit umweltfreundlichen Artikeln eingerichtet.	

4. Aufgabe
Am 3. Ausbildungstag wird ein Auszubildender über das Verhalten bei Feuergefahr und Unfällen belehrt. Unter anderem macht er sich mit der Bedeutung der Sicherheitszeichen vertraut. Ordnen Sie zu, indem Sie die Kennziffern von drei der insgesamt fünf Beschreibungen (vollständige Bedeutung) in die Kästchen unter den entsprechenden Sicherheitszeichen eintragen!

Beschreibungen	Sicherheitszeichen
1. Feuer, offenes Licht und Rauchen verboten	
2. Richtungsangabe für Rettungswege	
3. Rauchen verboten	
4. Richtungsangabe zur Ersten Hilfe	
5. Warnung vor feuergefährlichen Stoffen	

Prüfungsgebiet: Warenwirtschaft und Rechnungswesen

1. Aufgabe
In Ihre Abteilung wurde Ware in Paketen geliefert. Welche drei Tätigkeiten müssen Sie in Anwesenheit des Fahrers durchführen?

1. Sie prüfen die Anschrift auf dem Lieferschein. ☐
2. Sie erfassen die Lieferung im Warenwirtschaftssystem. ☐
3. Sie vergleichen die Angaben auf dem Lieferschein mit der Rechnung. ☐
4. Sie prüfen die Verkaufsverpackung auf Beschädigungen. ☐
5. Sie reklamieren festgestellte Mängel beim Lieferer. ☐
6. Sie vergleichen die Anzahl der Pakete mit den Angaben auf dem Lieferschein. ☐
7. Sie öffnen sorgfältig die Transportverpackung. ☐
8. Sie übernehmen einwandfreie Ware in das Reservelager. ☐
9. Sie lassen sich Beschädigungen an der Transportverpackung vom Fahrer bestätigen. ☐

2. Aufgabe
Welche Frist müssen Sie bei der Kontrolle der eingegangenen Ware beachten, um spätere Rechte in Anspruch nehmen zu können?

1. Die Ware muss immer im Beisein des Überbringers überprüft werden. ☐
2. Die Ware muss ohne schuldhaftes Verzögern überprüft werden. ☐
3. Die Ware muss innerhalb von zwei Tagen überprüft werden. ☐
4. Die Ware muss innerhalb von drei Tagen überprüft werden. ☐
5. Die Ware ist spätestens bei der Auszeichnung zu überprüfen. ☐

3. Aufgabe
Welche Unterlagen benötigen Sie zur ordnungsgemäßen Prüfung der gelieferten Ware?

1. Angebot und Lieferschein ☐
2. Lieferschein und Packzettel ☐
3. Frachtbrief und Rechnung ☐
4. Bestellkopie und Lieferschein ☐
5. Angebot und Bestellkopie ☐

4. Aufgabe
Sie stellen acht Monate nach Lieferung einen versteckten Mangel bei einigen Artikeln fest und rügen diesen Mangel unverzüglich beim Lieferer. Prüfen und begründen Sie, ob Sie die gesetzliche Rügefrist eingehalten haben.

1. Ja, denn Sie haben innerhalb der gesetzlichen Frist den Mangel gerügt. ☐
2. Ja, denn Sie können einen Mangel jederzeit rügen. ☐
3. Nein, denn die Rügefrist beträgt zwei Jahre ab Auftragserteilung. ☐
4. Nein, denn Sie hätten innerhalb von acht Monaten nach Erhalt der Ware rügen müssen. ☐
5. Nein, denn Sie hätten die Ware sofort bei Lieferung prüfen müssen. ☐

5. Aufgabe
Nach der Wareneingangskontrolle erfassen Sie die Lieferung im EDV-gestützten Warenwirtschaftssystem. Welches Gerät verwenden Sie dazu?

1. Kartenlesegerät ☐
2. Elektronische Waage ☐
3. Scannerkasse ☐
4. Mobiles Datenerfassungsgerät ☐
5. Modem ☐

6. Aufgabe
Im Discounter „Schnapp KG" werden alle Artikeldaten im Warenwirtschaftssystem erfasst. Beispiel:

Artikelnummer	1704-0815		
Artikelbezeichnung	Fertig-Wrap „Tonno"	Mindestbestand:	5 Pakete
Einheit	Paket zu 10 Stück	Höchstbestand:	60 Pakete
Lieferer	Fast Food GmbH	Lieferzeit	10 Tage
		Meldebestand:	
Datum	**Zugang**	**Abgang**	**Bestand**
02.08.20..			30
10.08.20..	30		60
21.08.20..		8	52
28.08.20..		23	29
31.08.20..		9	20

Welcher Vorteil ergibt sich aus dieser Art der Erfassung für die Lagerverwaltung?

1. Inventuren sind nicht mehr nötig. ☐
2. Angaben über den Sollbestand sind ständig verfügbar. ☐
3. Inventurdifferenzen werden dadurch verhindert. ☐
4. Die Personaleinsatzplanung der Lagermitarbeiter kann dadurch besser gesteuert werden. ☐
5. Die Güte der Waren kann ständig überprüft werden. ☐

7. Aufgabe
Berechnen Sie für den Fertig-Wrap „Tonno" (siehe Aufgabe 6) den Meldebestand in Paketen, wenn Sie von einem durchschnittlichen Absatz von vier Paketen pro Tag ausgehen.

_____

_____

8. Aufgabe
Die Fast Food GmbH hat ihr Vertriebsnetz modernisiert und teilt dem Discounter Schnapp KG mit, dass sich dadurch die Lieferzeit des Artikels „Tonno" auf fünf Tage verringere. Welche Auswirkungen hat dies für die Schnapp KG?

1. Der Lagerbestand kann verringert werden. Dadurch verringert sich auch die Umschlagshäufigkeit. ☐
2. Der Lagerbestand kann verringert werden. Dadurch erhöht sich das Lagerrisiko. ☐
3. Der Meldebestand muss erhöht werden. Dadurch erhöht sich die Kapitalbindung. ☐
4. Der Meldebestand kann herabgesetzt werden. Dadurch verringert sich die Kapitalbindung. ☐
5. Der Meldebestand muss erhöht werden. Dadurch verringert sich die Kapitalbindung. ☐

9. Aufgabe
Bei der Inventur am 31.08.20.. ermitteln Sie für den Artikel „Tonno" einen tatsächlichen Bestand von 13 Paketen. Worauf kann die Differenz zurückzuführen sein?

1. Im Zugang fehlen sieben Pakete. ☐
2. Im Abgang sind acht Pakete zu viel erfasst. ☐
3. Eine Umlagerung von sieben Paketen in eine andere Filiale wurde nicht erfasst. ☐
4. Es wurden fünf Pakete mehr geliefert, als bestellt und erfasst. ☐
5. Bei der Inventur wurden versehentlich neun Pakete zu wenig gezählt. ☐

10. Aufgabe
Zu den vorbereitenden Maßnahmen zur Bilanzerstellung gehört die Inventur. Was ist unter dem Begriff „permanente Inventur" zu verstehen?

1. Die Inventur am Ende des Geschäftsjahres ☐
2. Eine Inventur, die für einen genau festgelegten Zeitraum durchgeführt wird ☐
3. Die zeitlich verlegte Inventur, vor oder nach dem Bilanzstichtag ☐
4. Eine Inventur, die durch den Geschäftsführer ohne vorherige Ankündigung veranlasst wird ☐
5. Die laufende Bestandsermittlung, z. B. durch Bestandsfortschreibung ☐

Abschlussprüfung Einzelhandelskaufmann/-kauffrau
Prüfungsgebiet: Geschäftsprozesse im Einzelhandel

1. Aufgabe
Am 22.11.20.. bestellen Sie bei der Sapo AG 10 Stück eines neuartigen Teeautomaten zum Preis von 190,00 EUR pro Automat. Das Angebot der Sapo AG war preisgünstiger als die Angebote alternativer Lieferer. Als Liefertermin wird „bis Ende November" vereinbart. Am 1. Dezember rufen Sie bei der Sapo AG an und erkundigen sich nach der Lieferung, die Sie bislang noch nicht erhalten haben. Sie erfahren, dass die Lieferung aus Versehen nicht abgeschickt wurde.

1.1 Prüfen Sie ob ein Lieferungsverzug (Nicht-Rechtzeitig-Lieferung) vorliegt. Begründen Sie Ihre Antwort.

1.2 Begründen Sie, welches Verhalten gegenüber dem Lieferer nun sinnvoll ist.

2. Aufgabe

Am 3. Dezember treffen die bestellte Teeautomaten (siehe Aufgabe 1) ein.

2.1 Welche drei Tätigkeiten müssen Sie bei der Warenannahme in Anwesenheit des Fahrers durchführen?

_____
_____
_____
_____

2.2 Beschreiben Sie drei anschließende Tätigkeiten von der Warenannahme bis zur Einlagerung der 10 Teeautomaten bei einer ordnungsgemäßen Anlieferung.

_____
_____
_____
_____
_____
_____
_____

2.3 Nach dem Auspacken einer Maschine stellen Sie am Gehäuse Kratzer fest. Bei der Wareneingangsprüfung stellen Sie Kratzer an drei weiteren Maschinen fest.

2.3.1 Was müssen Sie tun, um Ihre Rechte zu sichern?

_____
_____

2.3.2 Eine Nacherfüllung ist nicht möglich, da die Maschinen nicht in der gewünschten Farbe nachlieferbar sind. Entscheiden Sie sich für ein nachrangiges Recht und begründen Sie dieses.

_____
_____
_____
_____

2.4 Welche Daten können bei der Erfassung im Warenwirtschaftssystem berücksichtigt werden?

Geben Sie vier Beispiele an.

_____
_____
_____
_____
_____

3. Aufgabe

In einem Warenhaus wird täglich eine Vielzahl von Artikeln angeliefert. Die Wareneingangskontrollen ergeben dabei immer wieder auch Mängel an einzelnen Artikeln.

3.1 Prüfen Sie, welcher Sachmangel jeweils vorliegt und notieren Sie den Fachbegriff in das entsprechende Feld.

Mängel	Fachbegriff für den Mangel
Statt der bestellten 40 Kästen Bier wurden nur 20 geliefert.	
Zwei Gläser aus einem beschädigten Karton sind zerbrochen.	
Statt der bestellten DVD-Player wurden DVD-Rekorder geliefert.	
Drei der zehn gelieferten Handys weisen am Gehäuse Farbflecken auf.	

3.2 Beschreiben Sie, wie lange Sie Zeit haben, um diese Mängel zu rügen.

_____

_____

3.3 Entscheiden Sie, welches Recht Sie sinnvollerweise bei den dargestellten Mängeln in Anspruch nehmen werden und notieren Sie den Fachbegriff in das entsprechende Feld.

Mängel	Eingefordertes Recht
Statt der bestellten 40 Kästen Bier wurden nur 20 geliefert.	
Zwei Gläser aus einem beschädigten Karton sind zerbrochen.	
Statt der bestellten DVD-Player wurden DVD-Rekorder geliefert.	
Drei der zehn gelieferten Handys weisen am Gehäuse Farbflecken auf.	

4. Aufgabe

Sie erhalten aus dem Rechnungswesen die folgenden Zahlen zur Auswertung:

Jahr	Wareneinsatz	Durchschnittlicher Lagerbestand	Umschlagshäufigkeit	Lagerdauer Tage	Lagerzinssatz in %
2007	50.000,00 EUR	6.100,00 EUR	8,2	43,9	1,2
2008	50.800,00 EUR	6.800,00 EUR			

Ermitteln Sie für 2008 die folgenden Lagerkennziffern. (Geben Sie den Rechenweg an und runden Sie auf eine Stelle nach dem Komma.)

4.1 Errechnen Sie die Umschlagshäufigkeit.

4.2 Errechnen Sie die durchschnittliche Lagerdauer.

4.3 Ermitteln Sie den Lagerzinssatz. Der bankübliche Zinssatz beträgt 10 %.

LERNFELD 8

Geschäftsprozesse erfassen und kontrollieren

Lernsituation 1: Sie erfassen die Aufgaben und Aufgabenbereiche des betrieblichen Rechnungswesens im Einzelhandelsbetrieb

Zu Beginn des zweiten Ausbildungsjahres hat sich Mehmet Aydin, Auszubildender zum Kaufmann im Einzelhandel, bei Frau Feld, der Finanz- und Lohnbuchhalterin des Mars Elektrofachmarktes e. K., gemeldet. Laut Ausbildungsplan soll er in der Abteilung drei Monate bleiben. Frau Feld stellt ihn Frau Braun, zuständig für die Statistik und das Controlling, und Herrn Zimmer vor, der für die Kosten- und Leistungsrechnung verantwortlich ist. Frau Feld: *„Wir erledigen zusammen das betriebliche Rechnungswesen und sind sozusagen das Nachrichtenzentrum für alle anderen Bereiche des Betriebes. Noch vor einer halben Stunde wollte etwa Frau Orth, Verkaufsleiterin ‚Weiße Ware', die Umsatzentwicklung eines vor drei Monaten eingeführten Spülautomaten erfahren. Oder aktuell will Herr Kraft, Verkaufsleiter, Braune Ware, anlässlich eines Auftrages der Stadtverwaltung Köln den Kontenstand eines Kunden wissen. Außerdem fordert Frau Mars regelmäßig Kurzberichte über die Erfolgsentwicklung (Gewinn/Verlust) an oder sie möchte Informationen über die liquiden Mittel in der Kasse oder auf dem Bankkonto haben. Wir sind eigentlich das große Gedächtnis der Unternehmung, eine Art Datenbank; ohne uns würde wegen der vielen täglichen Veränderungen manches drunter und drüber gehen."*

Beschreibung und Analyse der Situation

Beschreiben Sie die Aufgabe des Rechnungswesens mit der „Kopfstandmethode", indem Sie den Satz vervollständigen: „Wenn der Mars Elektrofachmarkt e. K. das Rechnungswesen abschafft, dann ..."

_____
_____
_____
_____
_____
_____
_____
_____
_____
_____
_____
_____

Planen und Durchführen

Das Rechnungswesen des Mars Elektrofachmarktes e. K. wird von Herrn Feld als das „große Gedächtnis der Unternehmung, eine Art Datenbank", bezeichnet. Erarbeiten Sie in Partnerarbeit die dazu notwendigen Aufgabenbereiche des Rechnungswesens mit ihren wesentlichen Funktionen und stellen Sie diese in der unten stehenden Tabelle dar.

Aufgabenbereiche des Rechnungswesens			
Finanzbuchhaltung	Kostenrechnung	Statistik	Planung

Erläutern Sie in Partnerarbeit, warum das Rechnungswesen des Mars Elektrofachmarktes e. K. auch als „Informations-, Kontroll- und Steuerungssystem" bezeichnet wird.

_____
_____
_____
_____
_____
_____
_____

Bewerten

Gehen Sie mit einem anderen Schülerpaar zusammen und vergleichen Sie über Kreuz Ihre bisherigen Ergebnisse. (Bilden Sie dazu zwei neue Paare.)

Lernergebnisse sichern

Notieren Sie sich zu Ihren Aufzeichnungen sinnvolle Ergänzungen, die sich im Austausch mit Ihren Mitschülerinnen und Mitschülern oder im Klassengespräch ergeben haben.

_____

Übung 1.1: Aufgaben des Rechnungswesens

Wozu haben Einzelhandelsbetriebe ein „Rechnungswesen"? Notieren Sie Ihre Gedanken.

_____
_____
_____
_____
_____
_____
_____
_____
_____
_____
_____

Übung 1.2: Die Güter- und Geldströme in einem Einzelhandelsunternehmen

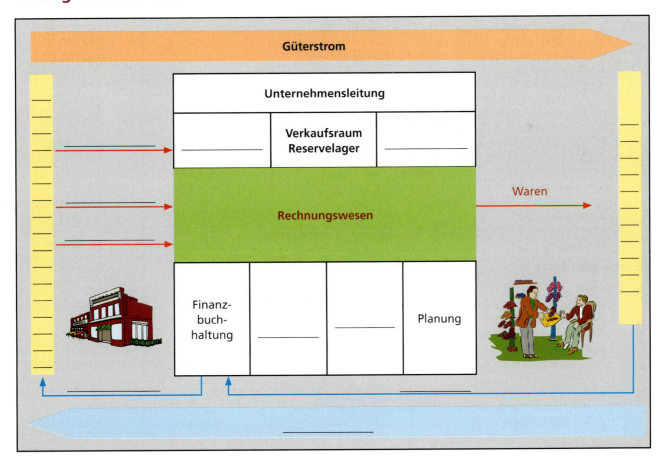

Schreiben Sie die Begriffe an die richtige Stelle:

Absatzmarkt, Waren, Kostenrechnung, Einnahmen, Betriebsmittel, Beschaffung, Beschaffungsmarkt, Geldstrom, Arbeitskräfte, Ausgaben, Absatz, Statistik

Lernsituation 2: Sie erstellen eine Bilanz und werten diese aus

Frau Feld, die Buchhalterin des Mars Elektrofachmarktes e.K., erzählt Mehmet Aydin, dass der Mars Elektrofachmarkt e.K. den Aufbau eines Filialbetriebes in Leipzig plant und dazu zusätzliche Finanzmittel benötigt.

Frau Feld: *„Frau Mars hat deshalb schon die Deutsche Bank wegen eines Kredits in Höhe von 400.000,00 EUR angesprochen. Der Kreditsachbearbeiter der Bank verlangt zur Überprüfung der Kreditwürdigkeit eine Aufstellung des Vermögens und der Schulden."*

Mehmet: *„Dafür können wir ihm doch unser hundertseitiges Inventar mit allen Anlagen überlassen."*

Frau Feld: *„Nein, der Sachbearbeiter der Bank hat keine Zeit, dieses Inventar auszuwerten, er verlangt eine zusammenfassende Übersicht und Gegenüberstellung von Vermögen und Schulden in Form einer Bilanz."*

Inventar des Mars Elektrofachmarktes e.K. zum 31. Dezember 20.. (ohne Anlagen) – vervollständigen Sie die grau unterlegten Felder.

Inventar des Mars Elektrofachmarktes e.K. zum 31. Dezember 20.. (ohne Anlagen)		
Art, Menge, Einzelwert		
A. Vermögen		
I. Anlagevermögen		
1. Bebautes Grundstück, Aachener Straße 1248		125.000,00
2. Verwaltungsgebäude, Aachener Straße 1248		640.000,00
3. Fuhrpark (Anlage 1)		212.000,00
4. Betriebs- und Geschäftsausstattung (Anlage 2)		170.500,00
II. Umlaufvermögen		
1. Warenbestand		
1.1. Weiße Ware (Anlage 3)	310.700,00	
1.2. Braune Ware (Anlage 4)	305.300,00	
1.3. Tonträger (Anlage 5)	18.500,00	
1.4. Neue Medien (Anlage 6)	16.200,00	650.700,00
2. Forderungen aus Lieferungen und Leistungen		
Stadtverwaltung Köln, Am Hof 5, 50667 Köln	12.500,00	
Seniorenheim Monika GmbH, Richterstr. 15, 50933 Köln	6.200,00	
Hotel Rheinischer Hof KG, Marzellenstr. 10, 50667 Köln	2.500,00	21.200,00
3. Kassenbestand		5.100,00
4. Bankguthaben bei der Deutschen Bank Köln lt. Kontoauszug (Anlage 7)		298.700,00
Summe des Vermögens		_____
B. Schulden		
I. Langfristige Schulden		
Darlehen bei der Deutschen Bank Köln lt. Kontoauszug und Darlehensvertrag (Anlage 8)		760.000,00
II. Kurzfristige Schulden		
1. Verbindlichkeiten aus Lieferungen und Leistungen (Anlage 9)		
1.1. Elektro Bader KG, Fabrikstr. 10–34, 04129 Leipzig	358.500,00	
1.2. Computec GmbH & Co. KG, Volkspartnerstr. 12–20, 22525 Hamburg	15.200,00	373.700,00
Summe der Schulden		_____
C. Errechnen des Reinvermögens (Eigenkapital)		
Summe des Vermögens		2.123.200,00
Summe der Schulden		1.133.700,00
Reinvermögen (Eigenkapital)		_____

Beschreibung und Analyse der Situation

Begründen Sie das Interesse der Bank an der Bilanz des Mars Elektrofachmarktes e.K.

_____
_____
_____
_____
_____
_____
_____

Planen und Durchführen

Arbeiten Sie mit Ihrer Sitznachbarin/Ihrem Sitznachbarn zusammen. Informieren Sie sich über den Aufbau und die Struktur der Bilanz. Stellen Sie auf Grundlage des Inventars eine ordnungsgemäße Bilanz zum 31. Dezember 20.. auf.

Information:

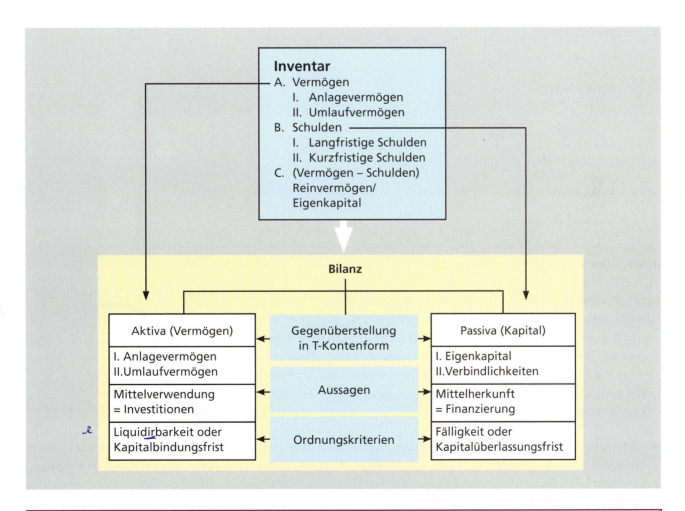

Tipp: Weitere Informationen zum Aufbau der Bilanz finden Sie im Lehrbuch oder im §266 HGB.

Aktiva	Bilanz Mars Elektrofachmarkt zum 31. Dezember 20.. in EUR	Passiva

Köln, den 31.12.20..

Werten Sie in Partnerarbeit die von Ihnen aufgestellte Bilanz aus. Berechnen Sie von den folgenden Bilanzpositionen die prozentualen Anteile am Gesamtkapital.
(Auf zwei Stellen nach dem Komma runden!)

- Anlagevermögen:

- Umlaufvermögen:

- Eigenkapital:

- Fremdkapital (Schulden):

Information:

- Die Kapitalstruktur zeigt, wie hoch der Eigen- bzw. Fremdkapitalanteil am Gesamtvermögen des Unternehmens ist. Hier gilt: Je höher der Eigenkapitalanteil ist, desto größer ist die finanzielle Unabhängigkeit und Kreditwürdigkeit eines Unternehmens. Eine niedrige Eigenkapitalquote bedeutet ein hohes Insolvenzrisiko. Im Einzelhandel liegt die durchschnittliche Eigenkapitalquote über alle Branchen bei ca. 15 %.

- Das Anlagevermögen bildet die Grundlage der Betriebsbereitschaft, verursacht aber auch immer gleichbleibend hohe fixe Kosten, wie z. B. durch Instandhaltung, Zinsen, Versicherungsprämien. In Krisenzeiten geht mit einem hohen Anlagevermögen deshalb auch ein entsprechend großes Risiko einher. Das Umlaufvermögen hingegen führt dem Unternehmen Geldwerte zu, die zum Zwecke der Wiederbeschaffung oder der Erweiterung eingesetzt werden können. Ein hoher Anteil des Umlaufvermögens gilt daher als weniger problematisch. Branchenübergreifend gilt für den Einzelhandel ein Anteil von 20 % des Anlagevermögens am Gesamtvermögen für erstrebenswert, um das Anlagerisiko und die fixen Kosten zu senken. Vorteilhafter wäre die Investition in gewinnbringende Warenbestände.

Lernsituation 2

- Eine weitere wichtige Kennziffer zur Auswertung der Bilanz ist die Barliquidität.

$$\text{Barliquidität} = \frac{\text{flüssige Mittel} \cdot 100}{\text{kurzfristige Verbindlichkeiten}}$$

Sie gibt Auskunft darüber, wieweit die kurzfristigen Verbindlichkeiten aus den zur Verfügung stehenden liquiden Mitteln (Kasse und Bankguthaben) beglichen werden können. Kritisch ist im Einzelhandel eine Barliquidität unter 80 % – eine Barliquidität von 90 % und mehr gilt als gut.

Berechnen Sie die Barliquidität aus der Bilanz des Mars Elektrofachmarktes e. K. (auf zwei Stellen nach dem Komma runden).

Barliquidität =

Bewerten

Gehen Sie mit einem anderen Schülerpaar zusammen und vergleichen Sie Ihre errechneten Kennzahlen. Gehen Sie etwaigen Abweichungen nach und suchen Sie gemeinsam nach möglichen Fehlern.

Analysieren Sie die errechneten Kennzahlen in Ihrer Gruppe und geben Sie eine erste Einschätzung bezüglich der Kreditwürdigkeit des Mars Elektrofachmarktes e. K. ab. Vergleichen Sie Ihre Einschätzungen anschließend in einem Klassengespräch.

Lernergebnisse sichern

Notieren Sie abschließend in Einzelarbeit drei Merksätze zu Inhalt und Struktur einer Bilanz.

1.

2.

3.

Stellen Sie die wesentlichen Unterschiede von Inventar und Bilanz in folgender Tabelle einander gegenüber.

Inventar	Bilanz

Übung 2.1: Eine Bilanz aufbereiten

Erstellen Sie auf der Grundlage der folgenden Zahlen eine aufbereitete Bilanz und ermitteln Sie die Prozentsätze der einzelnen Bilanzpositionen (auf zwei Stellen nach dem Komma runden).

Anlagevermögen 4.770.300,00 EUR, Umlaufvermögen 2.267.000,00 EUR, langfristige Verbindlichkeiten 2.250.000,00 EUR, kurzfristige Verbindlichkeiten 570.000,00 EUR

Aktiva	Aufbereitete Bilanz zum 31. Dezember 20..				Passiva
	EUR	%		EUR	%
Anlagevermögen			Eigenkapital		
Umlaufvermögen			Fremdkapital		
			– langfristig		
			– kurzfristig		
Bilanzsumme			Bilanzsumme		

Übung 2.2: Wer hat Interesse an einer ordnungsgemäßen Buchführung?

Damit der Mars Elektromarkt e.K. sein Unternehmensziel erreichen kann, muss er Beziehungen zu Kunden, Lieferanten, Kapitalgebern, staatlichen Institutionen und zu seinen Mitarbeiterinnen und Mitarbeitern eingehen. All diese Beziehungen sind von gegenseitigen Erwartungen und Ansprüchen geprägt. Tragen Sie in der abgebildeten Tabelle die wechselseitigen Erwartungshaltungen ein und führen Sie Begründungen an, warum sich für die betroffenen Unternehmen, Institutionen und Personen ein Interesse an der Unternehmenslage des Mars Elektromarktes e.K. ergeben kann.

	Erwartungen des Mars Elektromarktes e.K.	Erwartungen an den Mars Elektromarkt e.K.	Begründung für ein Interesse an der Unternehmenssituation des Mars Elektromarktes e.K.
Staat			
Banken			
Lieferanten			
Kunden			
Mitarbeiter			

Übung 2.3: Bedeutende Belege im Einzelhandel

Durch den Geschäftsablauf in einem Einzelhandelsbetrieb entsteht eine Vielzahl von Belegen. Sie ergeben sich durch

- Wareneinkäufe → Eingangsrechnungen (ER)
- Warenverkäufe auf Rechnung → Ausgangsrechnungen (AR)
- Kassenein- oder -auszahlung → Kassenbelege (KA/KB)
- Zahlungsein- oder -ausgänge auf dem Bankkonto → Kontoauszüge der Bank (BA)

Nehmen Sie die Perspektive einer Mitarbeiterin/eines Mitarbeiters des Mars Elektrofachmarktes ein und benennen Sie die Belegart der folgenden Belege. Prüfen Sie deren rechnerische Richtigkeit und beschreiben Sie, welche Informationen sich aus dem Beleg ergeben.

Beleg 1: MARS ELEKTROFACHMARKT E.K.

Mars Elektrofachmarkt, Aachener Straße 1250, Köln

Fitness-Center-Oase KG
Heidstr. 3
51069 Köln

Aachener Str. 1250
50859 Köln
Telefon: 0221 1610705
Telefax: 0221 1700088

RECHNUNG/AUFTRAGSBESTÄTIGUNG

Bei Zahlung/Rücksendung/Gutschrift unbedingt angeben

Kundennummer	Rechnungs-Nr.	Datum
D 24005	33 937	17.12.20..

Artikel-Nr.	Artikelbezeichnung	Menge	Einzelpreis EUR	Gesamtpreis EUR
120-23	PC-Mac 300	2	552,00	1.100,00
120-56	Drucker HT 5500	2	210,00	420,00
				1.520,00

In diesem Betrag sind 19 % Umsatzsteuer = 242,69 EUR enthalten.

Zahlbar innerhalb von 30 Tagen netto

Bankverbindungen:
Kreissparkasse Köln   BLZ: 370 502 99   Kto-Nr.: 013 600 564
Deutsche Bank Köln   BLZ: 370 700 60   Kto-Nr.: 340 731 420

Steuernummer: 223/337/2973   USt-IDNr.: DE-58344258

Belegart: _____
Absender: _____
Adressat: _____
Information: _____

rechnerisch richtig: Ja ☐   Nein ☐

Fehler: _____

Beleg 2: Elektro AG

Herstellung von Elektrogeräten und Zubehör
Mainzer Straße 160 • 10247 Berlin • Tel: 030 2341526-0 • Fax: 030 23415098

Elektro AG, Mainzer Straße 1–3, 10247 Berlin

Mars Elektrofachmarkt e. K.
Aachener Straße 1250
50859 Köln

Bankverbindung: Commerzbank Berlin
BLZ: 100 400 00
Kto.-Nr.: 432 056 24

Ihre Bestellung vom: 10.06.20..

RECHNUNG

Lieferdatum: 14.06.20..

Kunden-Nr.	Rechnungs-Nr.	Datum
8394	239-2856	15.05.20..

Bei Zahlung bitte angeben.

Pos.	Artikel-Nr.	Artikelbezeichnung	Menge	Rabatt %	Einzelpreis EUR	Gesamtpreis EUR
1	3533	Föhn EF 250	70		15,90	1.113,00
2	2533	Akku-Rasierer DEMEX DR 300	30		64,90	1.947,00

Warenwert, netto	Verpackung	Fracht	Entgelt, netto	19 % USt	Gesamtbetrag
3.060,00			3.060,00	581,40	3.641,40

Zahlbar innerhalb von 10 Tagen abzügl. 2 % Skonto
innerhalb von 30 Tagen netto

Steuernummer: 134/178/3417   USt-IDNr.: DE-54384261

Belegart: _____
Absender: _____
Adressat: _____
Information: _____

rechnerisch richtig: Ja ☐   Nein ☐

Fehler: _____

Lernsituation 2 – Übungsaufgaben

Beleg 1: Kontoauszug

Konto 013600654	KONTOAUSZUG KREISSPARKASSE KÖLN	BLZ 370 502 99	Auszug 89	Blatt 1
Buch.-Tag	Wert	PN	Erläuterung/Verwendungszweck	Umsätze
10.06.	10.06.	5040	ELEKTRO BADER KG, LEIPZIG KD-NR 20344, RG-NR 2534 v. 30.05...	9 280,00 S

KREDITZUSAGE EUR 40 000
IHR AKTUELLER KONTOSTAND UM 10.30 UHR EUR 266 320,00 H

44	09.06.20..	11.06.20..	275 600,00 H	266 320,00 H
	Letzter Auszug	Auszugsdatum EUR	Alter Kontostand EUR	Neuer Kontostand

MARS ELEKTROFACHMARKT E. K., AACHENER STRASSE 1250, 50859 KOELN

Belegart: _____
Absender: _____
Adressat: _____
Information: _____

Beleg 2: Kassenbon Paul Konski e. K.

Paul Konski e. K.
Rosenstr. 3, 50678 Köln, Tel. 0221 22943

Fachgeschäft für Reinigungsmaterial

Mars Elektrofachmarkt e. K.
Köln

	Datum: 13.06.20..	EUR	Ct
3	Besen	14	97
1	Bodenreiniger	7	25
	Gesamt:	22	22

Vielen Dank für Ihren Besuch

Verk. 3	4557-8	Betrag durch Barzahlung erhalten *Konski*

In diesem Betrag sind 19 % Umsatzsteuer enthalten.

Belegart: _____
Absender: _____
Adressat: _____
Information: _____

rechnerisch richtig:
Ja ☐   Nein ☐

Fehler: _____

Beleg 3: Quittung

Mars Elektrofachmarkt e. K. — **Quittung**
Aachener Straße 1250, 50859 Köln

EUR 57 | 99

EUR in Worten: siebenundfünfzig — Cent wie oben

von: Udo Stefer
für: Kaffeeautomat Brasilia
Köln, 12.08.20.. Betrag dankend in bar erhalten
Ort/Datum
Buchungsvermerke   Stempel/Unterschrift des Empfängers
MARS ELEKTROFACHMARKT E. K.
i. V. *Heinz Topkoven*

Belegart: _____
Absender: _____
Adressat: _____
Information: _____

Beleg 4: Kontoauszug

Konto 013600654	KONTOAUSZUG KREISSPARKASSE KÖLN	BLZ 370 502 99	Auszug 89	Blatt 1
Buch.-Tag	Wert	PN	Erläuterung/Verwendungszweck	Umsätze
11.08.	11.08.	5040	STADTVERWALTUNG KÖLN KD-NR 24001 8135, RG-NR 213-19 v. 30.07...	1 220,00 H

KREDITZUSAGE EUR 40 000
IHR AKTUELLER KONTOSTAND UM 10.30 UHR EUR 267 540,00 H

44	11.08.20..	12.08.20..	266 320,00 H	267 540,00 H
	Letzter Auszug	Auszugsdatum EUR	Alter Kontostand EUR	Neuer Kontostand

MARS ELEKTROFACHMARKT E. K., AACHENER STRASSE 1250, 50859 KOELN

Belegart: _____
Absender: _____
Adressat: _____
Information: _____

Übung 2.4: Eine Einnahmen- und Ausgaben-Überschussrechnung durchführen

Anna-Lena Müller ist Betreiberin eines Schulkiosks. Erstellen Sie aus den folgenden Angaben eine Einnahmen- und Ausgaben-Überschussrechnung und ermitteln Sie den Erfolg (Gewinn oder Verlust) bis zum Ende der abgelaufenen Schulwoche.

			EUR
15.06.	Übertrag Einnahmen		10.340,00
	Übertrag Ausgaben		8.780,00
	Eingangsrechnung (ER) 231	Bäckerei Schäfer	65,60
	Eingangsrechnung (ER) 232	Getränkehandlung Dubs	210,50
	Kassenbeleg (KA) 151	Kauf Reinigungsmittel	19,80
	Kassenbericht (KB) 187	Tageseinnahmen Kiosk	516,40
16.06.	Kassenbeleg (KA) 152	Aushilfslohn Klara Marr	290,00
	Kassenbeleg (KA) 153	Wareneinkauf Metro	375,60
	Kassenbericht (KB) 188	Tageseinnahmen Kiosk	483,30
17.06.	Eingangsrechnung (ER) 233	Wartung Kaffeevollautomat	110,00
	Kassenbericht (KB) 189	Tageseinnahmen Kiosk	549,70
18.06.	Kassenbeleg (KA) 154	Tankquittung	70,00
	Eingangsrechnung (ER) 234	Bäckerei Schäfer	120,40
	Kassenbericht (KB) 190	Tageseinnahmen	490,30
19.06.	Eingangsrechnung (ER) 236	Schokoladengroßhandlung Couven	310,80
	Kassenbeleg (KA) 155	Einkauf Wurst und Käse	85,60
	Eingangsrechnung (ER) 237	Telekom	35,40
	Kassenbericht (KB) 191	Tageseinnahmen Kiosk	528,50

Monat: Juni 20..				Inhaberin Anna-Lena Müller
Tag	Geschäftsfall	Beleg-Nr.	Betriebs-einnahmen in EUR	Betriebs-ausgaben in EUR

Monat: Juni 20..			Inhaberin Anna-Lena Müller	
Tag	Geschäftsfall	Beleg-Nr.	Betriebseinnahmen in EUR	Betriebsausgaben in EUR

   Betriebseinnahmen bis zum Abend des 19.06.20.. : _____
– Betriebsausgaben bis zum Abend des 19.06.20.. : _____
= Einnahmenüberschuss bis zum Abend des 19.06.20.. : _____

Übung 2.5: Veränderungen von Vermögen und Kapital durch die Geschäftsfälle

Bearbeiten Sie die nachfolgenden Geschäftsfälle, indem Sie die vier Leitfragen beantworten.

Geschäftsfälle		Leitfrage 1	Leitfrage 2	Leitfrage 3	Leitfrage 4
		Welche Posten der Bilanz werden durch den Geschäftsfall berührt?	Handelt es sich um Posten der Aktiv- oder Passivseite der Bilanz?	Vermehrt oder vermindert der Geschäftsfall die einzelnen Bilanzposten?	Um welche der vier Bilanzveränderungen handelt es sich?
Geschäftsfall 1	EUR	Geschäftsausstattung	Aktivposten	Mehrung +1.420,00 EUR	Aktivtausch
Der Mars Elektrofachmarkt e.K. kauft eine neue Ladentheke und zahlt diese bar. (Barkauf einer Ladentheke)	1.420,00	Kasse	Aktivposten	Minderung –1.420,00 EUR	
Geschäftsfall 2	EUR				
Der Mars Elektrofachmarkt e.K. nimmt ein Darlehen zum Ausgleich einer größeren Liefererrechnung auf.	9.500,00				
Geschäftsfall 3	EUR				
Der Mars Elektrofachmarkt e.K. gleicht die Eingangsrechnung (ER 390) durch eine Banküberweisung (BA 67) aus.	7.400,00				
Geschäftsfall 4	EUR				
Ein Kunde bezahlt eine fällige Ausgangsrechnung (AR 96) bar im Geschäft. (Kunde zahlt bar für AR 96)	490,00				

Lernsituation 2 – Übungsaufgaben

Geschäftsfälle		Leitfrage 1 **Welche Posten der Bilanz werden durch den Geschäftsfall berührt?**	Leitfrage 2 **Handelt es sich um Posten der Aktiv- oder Passivseite der Bilanz?**	Leitfrage 3 **Vermehrt oder vermindert der Geschäftsfall die einzelnen Bilanzposten?**	Leitfrage 4 **Um welche der vier Bilanzveränderungen handelt es sich?**
Geschäftsfall 5	EUR				
Der Mars Elektrofachmarkt e. K. kauft eine neue Kasse. Die Eingangsrechnung (ER 395) ist in 30 Tagen zu begleichen. (Einkauf einer Kasse auf Ziel, ER 395)	2.880,00				
Geschäftsfall 6	EUR				
Ein Kunde bezahlt die Ausgangsrechnung (AR 101) durch eine Banküberweisung (BA 411) (Kunde zahlt durch Banküberweisung, BA 411 für AR 101)	920,00				
Geschäftsfall 7	EUR				
Der Mars Elektrofachmarkt e. K. überweist eine Rate (BA 413) zur Tilgung eines Darlehens. (Tilgung eines Darlehens durch BA 413)	1.000,00				
Geschäftsfall 8	EUR				
Der Mars Elektrofachmarkt e. K. verkauft eine gebrauchte Kasse (KA 322) bar. (Barverkauf einer gebrauchten Kasse)	220,00				
Geschäftsfall 9	EUR				
Der Mars Elektrofachmarkt e. K. kauft einen neuen Lieferwagen. Die Eingangsrechnung (ER 396) ist in 20 Tagen zu begleichen. (Fuhrpark, ER 396 auf Ziel)	20.120,00				
Geschäftsfall 10	EUR				
Ein Großkunde begleicht eine Rechnung über 5 Kühlschränke (AR 102) mit einer Banküberweisung (BA 414).	1.450,00				
		Leitfrage 1 **Welche Posten der Bilanz werden durch den Geschäftsfall berührt?**	Leitfrage 2 **Handelt es sich um Posten der Aktiv- oder Passivseite der Bilanz?**	Leitfrage 3 **Vermehrt oder vermindert der Geschäftsfall die einzelnen Bilanzposten?**	Leitfrage 4 **Um welche der vier Bilanzveränderungen handelt es sich?**

Übung 2.6: Buchung der Wertveränderung auf Bestandskonten

Eröffnen Sie die Bestandskonten und buchen Sie die Geschäftsfälle aus der Übung 2.5.

Aktiva	Eröffnungsbilanz Mars Elektorfachmarkt e.K. in EUR		Passiva
I. Anlagevermögen		**I. Eigenkapital**	989.500,00
1. Grundstück mit Bauten	765.000,00	**II. Verbindlichkeiten (Schulden)**	
2. Fuhrpark	212.000,00	1. **langfristige** Darlehensschulden	760.000,00
3. Betriebs- und Geschäftsausstattung	170.500,00	2. **kurzfristige** Verbindlichkeiten a. LL	373.700,00
II. Umlaufvermögen			
1. Warenbestand	650.700,00		
2. Forderungen a. LL	21.200,00		
3. Kasse	5.100,00		
4. Bankguthaben	298.700,00		
	2.123.200,00		2.123.200,00

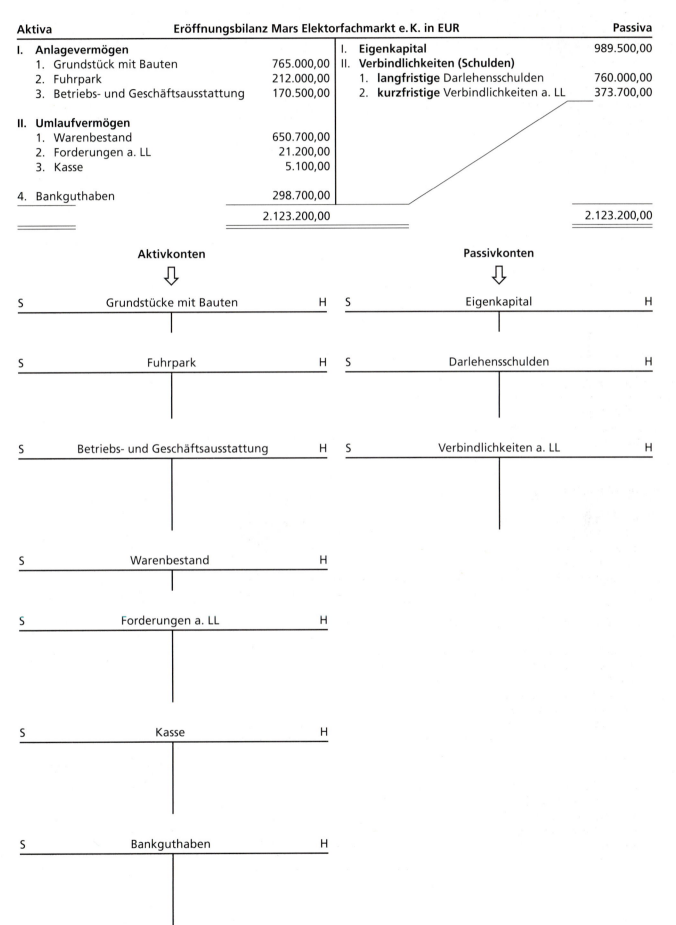

Lernsituation 3: Sie buchen im Grund- und Hauptbuch

Mehmet arbeitet nun schon seit einiger Zeit in der Buchführung. Das Geschäftsjahr nähert sich dem Ende und die damit einhergehenden Belastungen sind auch für alle Mitarbeiter des Rechnungswesens spürbar. Als Mehmets Ausbilderin, Frau Feld, zu Mehmet ins Büro kommt, überreicht sie ihm einen ungeordneten Stapel Belege.

Frau Feld: „Bitte buchen Sie die Geschäftsfälle und schließen Sie die betreffenden Konten ab. Zu Ihrer Hilfe haben Sie hier den Stand der aktuellen Belegnummern. (Lfd. Nr. 3600, KA 710, ER 540, BA 450)."

Beschreibung und Analyse der Situation

Bilden Sie eine Vierergruppe und beschreiben Sie in Stichworten die Aufgaben des Rechnungswesens im Zusammenhang mit den vorliegenden Belegen.

Planen und Durchführen I

Planen Sie die einzelnen Arbeitsschritte zur ordnungsgemäßen Erfassung der abgebildeten Belege und stellen Sie diese in einem Ablaufschema dar.

1. Schritt
___

2. Schritt
___

3. Schritt
___

4. Schritt
___

5. Schritt
___

6. Schritt
___
___

Bewerten I

- Übertragen Sie Ihren Ablaufplan auf ein Plakat und stellen Sie ihn in Ihrer Klasse vor.
- Klären Sie in einem Klassengespräch, welcher Ablaufplan für das Erfassen und Buchen der Belege am sinnvollsten erscheint.

Lernergebnisse sichern I

Ergänzen Sie Ihren bisherigen Ablaufplan in Ihrem Arbeitsheft und passen Sie ihn ggf. an.

Planen und durchführen II

Führen Sie Ihre Planungen aus und buchen Sie die vorliegenden Belege. Verwenden Sie dazu die folgenden Vorlagen. Benennen Sie Ihre jeweiligen Arbeitsschritte.

Lernsituation 3

Arbeitsschritt: _____

Quittung – Mars Elektrofachmarkt e. K.

Mars Elektrofachmarkt e. K.
Aachener Straße 1250
50859 Köln

EUR 180,00

EUR in Worten: einhundertachtzig

von: Julia Cloos

für: Ladenregal – gebraucht

Köln, 20.12.20..

Betrag dankend in bar erhalten

Stempel/Unterschrift des Empfängers
MARS ELEKTROFACHMARKT E. K.
i. V. *Heinz Topkoven*

Kontoauszug

Konto 013600654 — KREISSPARKASSE KÖLN — BLZ 370 502 99 — Auszug 90 — Blatt 1

Buch.-Tag	Wert	PN	Erläuterung/Verwendungszweck	Umsätze
21.12.	21.12.		Kasseneinnahmen Mars Elektrofachmarkt e. K.	65.000,00 H

KREDITZUSAGE EUR 40.000

IHR AKTUELLER KONTOSTAND UM 10.50 UHR EUR 291.100,00 H

44	18.12.20..	21.12.20..	226.100,00 H	291.100,00 H
BS	Letzter Auszug	Auszugsdatum EUR	Alter Kontostand EUR	Neuer Kontostand

MARS ELEKTROFACHMARKT E. K., AACHENER STRASSE 1250, 50859 KOELN

Computec GmbH & Co. KG
Hard- und Softwarebetrieb

Computec GmbH & Co. KG, Volksparkstr. 12–20, 22525 Hamburg

Mars Elektrofachmarkt e. K.
Aachener Straße 1250
50859 Köln

Tel.: 040 2244669
Fax: 040 2244664

RECHNUNG

Ihr Auftrag vom 15.12.20..

Kunden-Nr. 05839 — Rechnungs-Nr. 713-12 — Datum 22.12.20..

Bei Zahlung bitte angeben

Artikel-Nr.	Artikelbezeichnung	Menge	Rabatt %	Einzelpreis EUR	Gesamtpreis EUR
3402	Kassendisplay Siemon FLY	10		210,00	2.100,00

Belegnummer _____

Konto	Soll	Haben
_____	_____	_____
_____	_____	_____

gebucht: _____

Belegnummer _____

Konto	Soll	Haben
_____	_____	_____
_____	_____	_____

gebucht: _____

Belegnummer _____

Konto	Soll	Haben
_____	_____	_____
_____	_____	_____

gebucht: _____

Lernsituation 3

Lkw-Handel
Andreas JOOST e. K.
Wodanstr. 15
51107 Köln

Tel.: 0221 785746
Fax: 0221 785748

Mars Elektrofachmarkt e. K.
Aachener Straße 1250
50859 Köln

Betriebs-Nr.:	
Auftrags-Nr.:	456-112
Datum	19.12.20..
Kunden-Nr.:	327/20..

RECHNUNG

Amtl. Kennz.	TypModell	Fahrzeug-Ident.-Nr.	Zulassungstag	Annahmetag	km-Stand	KD-Meister
K–ME–700	MB-102	3912-1295–32	21.12.20..		512	

1 LKW 7,5 Tonnen MB102   40.000,00 EUR

Belegnummer

Belegnummer

Konto	Soll	Haben
___	___	
___		___

gebucht: _____

Konto 013600654	KONTOAUSZUG KREISSPARKASSE KÖLN	BLZ 370 502 99	Auszug 89	Blatt 1

Buch.-Tag	Wert	PN	Erläuterung/Verwendungszweck	Umsätze
18.12.	18.12.	5040	Tilgung Darlehensvertrag 35960-63	5.000,00 S

Belegnummer

KREDITZUSAGE	EUR	40.000
IHR AKTUELLER KONTOSTAND UM 11.30 UHR	EUR	226.100,00 H

44	16.12.20..	18.12.20..		231.100,00 H		226.100,00 H
BS	Letzter Auszug	Auszugsdatum	EUR	Alter Kontostand	EUR	Neuer Kontostand

MARS ELEKTROFACHMARKT E. K., AACHENER STRASSE 1250, 50859 KOELN

Belegnummer

Konto	Soll	Haben
___	___	
___		___
___	___	___

gebucht: _____

Konto 013600654	KONTOAUSZUG KREISSPARKASSE KÖLN	BLZ 370 502 99	Auszug 91	Blatt 1

Buch.-Tag	Wert	PN	Erläuterung/Verwendungszweck	Umsätze
22.12.	22.12.		Fitness-Center-Oase KG Rechnungsnummer 33 397 Rechnungsdatum 17.12.20..	1.520,00 H

Belegnummer

KREDITZUSAGE	EUR	40.000
IHR AKTUELLER KONTOSTAND UM 9.49 UHR	EUR	292.620,00 H

44	21.12.20..	22.12.20..		291.100,00 H		292.620,00 H
BS	Letzter Auszug	Auszugsdatum	EUR	Alter Kontostand	EUR	Neuer Kontostand

MARS ELEKTROFACHMARKT E. K., AACHENER STRASSE 1250, 50859 KOELN

Belegnummer

Konto	Soll	Haben
___	___	
___		___

gebucht: _____

Lernsituation 3 | 85

Quittung — Mars Elektrofachmarkt e. K.

Mars Elektrofachmarkt e. K.		Quittung
Aachener Straße 1250, 50859 Köln	EUR	4.400,00
EUR in Worten	viertausendvierhundert	Cent wie oben
von	Lkw-Gebrauchthandel Lindemann	Belegnummer
für	Kleintransporter Fiat F 70	
Köln, 17.12.20.. Ort/Datum		Betrag dankend in bar erhalten
Buchungsvermerke	Stempel/Unterschrift des Empfängers MARS ELEKTROFACHMARKT E. K. i. V. *Heinz Mayer*	

Belegnummer: _____

Konto	Soll	Haben
_____	_____	
		_____

gebucht: _____

Kontoauszug

Konto 013600654 — KREISSPARKASSE KÖLN — BLZ 370 502 99 — Auszug 92 — Blatt 1

Buch.-Tag	Wert	PN	Erläuterung/Verwendungszweck	Umsätze
23.12.	23.12.		LKW Handel Josef e. K. Auftragsnummer 455-112 Rechnungsdatum 19.12.20..	40.000,00 S

Belegnummer: _____

KREDITZUSAGE	EUR	40.000		
IHR AKTUELLER KONTOSTAND UM 9.49 UHR		EUR	251.100,00 H	
44	22.12.20..	23.12.20..	291.100,00 H	251.100,00 H
BS	Letzter Auszug	Auszugsdatum	EUR Alter Kontostand	EUR Neuer Kontostand

MARS ELEKTROFACHMARKT E. K., AACHENER STRASSE 1250, 50859 KOELN

Belegnummer: _____

Konto	Soll	Haben
_____	_____	
		_____

gebucht: _____

Arbeitsschritt: _____

Grundbuch — MARS Elekrofachmarkt e. K. — Seite 351

Lfd. Nr.	Buchungsdatum	Beleg	Buchungssatz	Soll in EUR	Haben in EUR
3601					
3602					
3603					
3604					
3605					
3606					
3607					
3608					

Arbeitsschritt: _____

S	Grundstücke mit Bauten	H		S	Eigenkapital	H
AB	765.000,00				AB	989.500,00

S	Fuhrpark	H		S	Darlehensschulden	H
AB	200.000,00				AB	690.000,00

S	Geschäftsausstattung	H		S	Verbindlichkeiten a. LL	H
AB	175.000,00				AB	380.000,00

S	Warenbestand	H
AB	610.000,00	

S	Forderungen a. LL	H
AB	27.000,00	

S	Kasse	H
AB	72.100,00	

S	Bankguthaben	H
AB	210.000,00	

Arbeitsschritt: _____

Soll	Schlussbilanzkonto	Haben

Bewerten II

Vergleichen Sie Ihre Ergebnisse zunächst mit denen Ihrer Sitznachbarin/Ihres Sitznachbarn, bevor Sie die Ergebnisse in der Klasse besprechen.

Lernergebnisse sichern II

Denken Sie über Ihren zurückliegenden Arbeitsprozess nach und verfassen Sie in Fließtext eine Arbeitsanweisung zum ordnungsgemäßen Buchen von Geschäftsfällen für eine neue Kollegin/einen neuen Kollegen.

_____
_____
_____
_____
_____
_____
_____
_____
_____
_____
_____
_____
_____
_____
_____

Übung 3.1: Aufwand, Ertrag oder Veränderung von Vermögen und Kapital

Überlegen Sie zu jedem Geschäftsfall des Mars Elektrofachmarktes e.K., ob es sich um einen Aufwand, einen Ertrag oder einen erfolgsneutralen Geschäftsfall handelt. (Bitte geben Sie bei einem erfolgsneutralen Geschäftsfall die Art der Bilanzveränderung an.)

Lfd. Nr.	Beleg	Geschäftsfälle	EUR	Aufwand, Ertrag oder erfolgsneutraler Geschäftsfall
1	ER:	Wareneinkauf auf Ziel	9.800,00	
2	BA:	Die Bank schreibt Zinsen gut	122,00	
3	KA:	Auszahlung von Aushilfslöhnen	1.820,00	
4	BA:	Ein Kunde überweist eine fällige Ausgangsrechnung	590,00	
5	AR:	Verkauf von Waren auf Ziel	7.500,00	
6	BA:	Banküberweisung für Gas durch Einzugsermächtigung	2.000,00	
7	BA:	Zahlung an einen Lieferer durch Banküberweisung	5.960,00	
8	KB:	Verkäufe von Waren bar	23.950,00	
9	ER:	Reparatur der Rolltreppe in den Verkaufsräumen	1.020,00	
10	BA:	Banküberweisung der fälligen Gewerbesteuer durch Einzugsermächtigung	2.340,00	
11	BA:	Banküberweisung einer Darlehensrate	5.000,00	
12	BA:	Banküberweisung für gemietete Gebäude	6.200,00	
13	ER:	Einkauf einer neuen Ladentheke auf Ziel	1.900,00	
14	KB:	Warenverkauf bar	120,00	
15	KB:	Wareneinkauf bar auf dem Großmarkt	500,00	
16	KB:	Einkauf von Postwertzeichen	9,00	
17	BA:	Ein Großkunde überweist eine Rechnung	12.500,00	
18	ER:	Eine Werbeagentur berechnet die Gestaltung einer Zeitungsanzeige	1.200,00	
19	BA:	Überweisung der Gehälter	10.800,00	
20	KA:	Verkauf eines gebrauchten Warenträgers	100,00	

Übung 3.2: Geschäftsfälle zu den Erfolgskonten

Vervollständigen Sie die Tabelle nach folgendem Beispiel:

Geschäftsfälle		Welche Konten werden von dem Geschäftsfall betroffen?	Zu welcher Kontenart gehören die Konten?	Buchungstext	Soll	Haben
Geschäftsfall 1	EUR	Versicherungsbeiträge	Aufwandskonto	Versicherungsbeiträge an Bank	1.420,00	
Banküberweisung des Mars Elektrofachmarktes e.K. für Versicherungsbeiträge	1.420,00	Bank	Bestandskonto			1.420,00
Geschäftsfall 2	EUR					
Tageslosung des Mars Elektrofachmarktes e.K.	31.580,00					
Geschäftsfall 3	EUR					
Banküberweisung für die Gehälter der Angestellten	21.000,00					
Geschäftsfall 4	EUR					
Der Mars Elektrofachmarkt e.K. bezieht von der Sany AG 10 LCD-Fernseher mit einem Zahlungsziel von 30 Tagen	5.400,00					
Geschäftsfall 5	EUR					
Der Mars Elektrofachmarkt e.K. erhält eine Überweisung für vermietete Büroräume	1.050,00					
Geschäftsfall 6	EUR					
Der Mars Elektrofachmarkt e.K. überweist die Miete für sein Außenlager	2.200,00					

Übung 3.3: Beleggeschäftsgang – auf Bestands- und Erfolgskonten buchen und einen Jahresabschluss durchführen

a) Sichten, prüfen und sortieren Sie die unten abgebildeten Belege nach Datum.
b) Versehen Sie die Belege mit der entsprechenden Belegnummer (lfd. Nr. 100, KA 40, ER 20, AR 05, BA 30).
c) Kontieren Sie die Belege vor.
d) Erfassen Sie die Belege im Grund- und im Hauptbuch. (Anfangsbestände sind vorgegeben.)
e) Führen Sie den Abschluss zum 31.03.20.. durch.

Lernsituation 3 – Übungsaufgaben

Konto 013600654	KONTOAUSZUG KREISSPARKASSE KÖLN	BLZ 370 502 99	Auszug 23	Blatt 1
Buch.-Tag	Wert	PN	Erläuterung/Verwendungszweck	Umsätze
22.03.	22.03.	2170	Bareinzahlung Zentralkasse	75.000,00 H
KREDITZUSAGE		EUR	40.000	
IHR AKTUELLER KONTOSTAND UM 11.02 UHR		EUR		296.000,00 H
44	13.03.20..	22.03.20..	221.000,00 H	296.000,00 H
BS	Letzter Auszug	Auszugsdatum	EUR Alter Kontostand	EUR Neuer Kontostand

MARS ELEKTROFACHMARKT E. K., AACHENER STRASSE 1250, 50859 KOELN

Belegnummer ____

Deutsche Post AG
50859 Köln
Hohe Straße 1   19. März 20..

84,00 EUR

Postwertzeichen ohne Zuschlag

Belegnummer ____

Vielen Dank für Ihren Besuch
Ihre Deutsche Post AG

ERW

ERW Energie Rheinland AG
Postfach 1760
50676 Köln

Jahresrechnung

Kundennummer 24-6946844

bei Zahlung und Rückfragen bitte angeben

Mars Elektrofachmarkt e. K.
Aachener Straße 1250
50859 Köln

Köln, den 17. März 20..

Stromlieferung nach Tarif A2

		Zeitraum	Preis	Betrag EUR
Zähler Nr. 92164352				
Zählerstand	0375000			
Zählerstand	0444000			
Unterschied	69.000	364 Tage	21,40 Ct/KWh	14.776,00
Zähler:			94,50 EUR/Jahr	94,50
			Entgelt	14.860,50
			Bereits gezahlt	12.000,00
			Rechnungs-betrag	2.860,50

Rechnungsbetrag zahlbar innerhalb von 14 Tagen nach Rechnungseingang

Belegnummer ____

SANY AG — CD/DVD-Herstellung • Software

Sany AG, Mainzer Straße 1–3, 80803 München

Mars Elektrofachmarkt e. K.
Aachener Straße 1250
50859 Köln

Mainzer S...
80803 Mü...

Tel.: 089 435267-0
Fax: 089 435267-9

Ihre Bestellung vom 12.03.20..

RECHNUNG

Lieferdatum: 15.03.20..	Kunden-Nr. 16300	Rechnungs-Nr. 979-09	Datum 15.03.20..

Bei Zahlung bitte angeben

Artikel-Nr.	Artikel-bezeichnung	Menge	Einzelpreis EUR	Rabatt in %	Gesamtpreis EUR
1821023	Sany-Micro-Musikanlage D2	15	71,67		1.075,05

Belegnummer ____

Konto 013600654	KONTOAUSZUG KREISSPARKASSE KÖLN	BLZ 370 502 99	Auszug 24	Blatt 1
Buch.-Tag	Wert	PN	Erläuterung/Verwendungszweck	Umsätze
24.03.	24.03.	5070	Sany AG Rechnungsnummer 979-09 Rechnungsdatum 15.03.20..	1.075,05 S
	22.03.	3030	Buchungsstelle Telekom Koeln	330,00 S
KREDITZUSAGE		EUR	40.000	
IHR AKTUELLER KONTOSTAND UM 11.02 UHR		EUR		294.594,95 H
44	22.03.20..	24.03.20..	296.000,00 H	294.594,95 H
BS	Letzter Auszug	Auszugsdatum	EUR Alter Kontostand	EUR Neuer Kontostand

MARS E... AACHENER STRASSE 1250, 50859 KOELN

Belegnummer ____

Mars Elektrofachmarkt e. K.
Aachener Straße 1250
50859 Köln

Quittung

EUR 200 00

EUR in Worten	zweihundert	Cent wie oben

von: Velo Schnauf e. K.

für: Registrierkasse - gebraucht

Köln, 25.03.20..   Betrag dankend in bar erhalten
Ort/Datum

Stempel/Unterschrift des Empfängers
MARS ELEKTROFACHMARKT E. K.
i. V. *Heinz Mayer*

Belegnummer ____

Lernsituation 3 – Übungsaufgaben

Übertragung der Belegnummer und Vorkontierung der Belege:

Belegnummer
_____

Konto	Soll	Haben
_____	_____	_____
_____	_____	_____

gebucht: _____

Belegnummer
_____

Konto	Soll	Haben
_____	_____	_____
_____	_____	_____
_____	_____	_____

gebucht: _____

Belegnummer
_____

Konto	Soll	Haben
_____	_____	_____
_____	_____	_____
_____	_____	_____
_____	_____	_____

gebucht: _____

Lernsituation 3 – Übungsaufgaben

ERW

ERW Energie Rheinland AG
Postfach 1760
50676 Köln

Jahresrechnung

Kundennummer 24-6946844

bei Zahlung und Rückfragen bitte angeben

Mars Elektrofachmarkt e. K.
Aachener Straße 1250
50859 Köln

Köln, den 17. März 20..

Stromlieferung nach Tarif A2

	Zeitraum	Preis	Betrag EUR
Zähler Nr. 92164352			
Zählerstand 0375000			
Zählerstand 0444000			
Unterschied 69.000	364 Tage	21,40 Ct/KWh	14.776,00
Zähler:		94,50 EUR/Jahr	94,50
		Entgelt	**14.860,50**
		Bereits gezahlt	12.000,00
		Rechnungs-betrag	**2.860,50**

Rechnungsbetrag zahlbar innerhalb von 14 Tagen nach Rechnungseingang

---

Belegnummer

Konto	Soll	Haben

gebucht: _____

MARS
ELEKTROFACHMARKT E. K.

Mars Elektrofachmarkt, Aachener Straße 1250, Köln

Hotel Rheinischer Hof KG
Marzellenstr. 10
50667 Köln

Aachener Str. 1250
50859 Köln

Telefon : 0221 1610705
Telefax: 0221 1700088

RECHNUNG/AUFTRAGSBESTÄTIGUNG

Bei Zahlung/Rücksendung/Gutschrift unbedingt angeben

Kundennummer	Rechnungs-Nr.	Datum
D 24003	20811	18.03.20..

Artikel-Nr.	Artikelbezeichnung	Menge	Einzelpreis EUR	Gesamtpreis EUR
134-24	Waschmaschine Clean 400	2	986,00	1.972,00
120-56	Drucker HT 5500	1	210,00	210,00
				2.182,00

Zahlbar	innerhalb von 30 Tagen netto

Belegnummer

Konto	Soll	Haben

gebucht: _____

Lernsituation 3 – Übungsaufgaben

Deutsche Post AG
50859 Köln
Hohe Straße 1   19. März 20..

84,00 EUR

Postwertzeichen ohne Zuschlag

Vielen Dank für Ihren Besuch
Ihre Deutsche Post AG

Auszug Kassenbericht Zentralkasse

Mars Elektrofachmarkt e.K.
EKZ Rheinpark Köln
Tel. 0221 1610705

Kassenumsätze
16.03.20.. bis 22.03.20..

Finanzbericht

Barverkäufe	75.200,00 EUR
Anzahl Artikel	3810
Anzahl Kunden	2135

Konto 013600654	KONTOAUSZUG KREISSPARKASSE KÖLN	BLZ 370 502 99	Auszug 23	Blatt 1
Buch.-Tag	Wert	PN	Erläuterung/Verwendungszweck	Umsätze
22.03.	22.03.	2170	Bareinzahlung Zentralkasse	75.000,00 H
	KREDITZUSAGE		EUR 40.000	
	IHR AKTUELLER KONTOSTAND UM 11.02 UHR		EUR	296.000,00 H
44 BS	13.03.20.. Letzter Auszug	22.03.20.. Auszugsdatum	EUR 221.000,00 H Alter Kontostand	EUR 296.000,00 H Neuer Kontostand

MARS ELEKTROFACHMARKT E. K., AACHENER STRASSE 1250, 50859 KOELN

Belegnummer _____

Konto	Soll	Haben
___	___	
___		___

gebucht: _____

Belegnummer _____

Konto	Soll	Haben
___	___	
___		___
___		

gebucht: _____

Belegnummer _____

Konto	Soll	Haben
___	___	
___		___

gebucht: _____

Lernsituation 3 – Übungsaufgaben

Konto 013600654	KONTOAUSZUG KREISSPARKASSE KÖLN		BLZ 370 502 99	Auszug 24	Blatt 1
Buch.-Tag	Wert	PN	Erläuterung/Verwendungszweck		Umsätze
24.03.	24.03.	5070	Sany AG Rechnungsnummer 979-09 Rechnungsdatum 15.03.20..		1.075,05 S
	22.03.	3030	Buchungsstelle Telekom Koeln		330,00 S

KREDITZUSAGE	EUR	40.000
IHR AKTUELLER KONTOSTAND UM 11.02 UHR	EUR	294.594,95 H

44	22.03.20..	24.03.20..		296.000,00 H		294.594,95 H
BS	Letzter Auszug	Auszugsdatum	EUR	Alter Kontostand	EUR	Neuer Kontostand

MARS ELEKTROFACHMARKT E. K., AACHENER STRASSE 1250, 50859 KOELN

Mars Elektrofachmarkt e. K. — **Quittung**

Aachener Straße 1250, 50859 Köln

EUR 200|00

EUR in Worten: zweihundert — Cent wie oben

von: Velo Schnauf e. K.

für: Registrierkasse - gebraucht

Köln, 25.03.20.. — Betrag dankend in bar erhalten

Ort/Datum

Buchungsvermerke — Stempel/Unterschrift des Empfängers
MARS ELEKTROFACHMARKT E. K.
i. V. *Heinz Mayer*

Belegnummer (oben)

Konto	Soll	Haben
___	___	
___	___	
___		___

gebucht: _____

Belegnummer (unten)

Konto	Soll	Haben
___	___	
___		___

gebucht: _____

MARS Elekrofachmarkt e. K.

Grundbuch — **Seite 120**

Lfd. Nr.	Buchungsdatum	Beleg	Buchungssatz	Soll in EUR	Haben in EUR
101					
102					
103					
104					
105					
106					
107					
108					
109					

Lernsituation 3 – Übungsaufgaben

				MARS Elekrofachmarkt e. K.	
		Grundbuch		Seite 120	
Lfd. Nr.	Buchungsdatum	Beleg	Buchungssatz	Soll in EUR	Haben in EUR
110					
			Abschluss der Erfolgskonten		
111					
112					
113					
114					
115					
			Abschluss des Gewinn- und Verlustkontos		
116					
			Abschluss Bestandskonten		
117					
118					
119					
120					
121					
122					

Bestandskonten

S	Geschäftsausstattung	H	S	Kasse	H
AB	80.000,00		AB	3.000,00	

Lernsituation 3 – Übungsaufgaben

S	Forderungen a. LL	H		S	Verbindlichkeiten a. LL	H
AB	10.000,00				AB	40.000,00

S	Bank	H		S	Eigenkapital	H
AB	30.000,00				AB	83.000,00

Erfolgskonten

S	Gehälter	H		S	Telefon und Porto	H

S	Aufwendungen für Waren	H		S	Umsatzerlöse für Waren	H

S	Aufwendungen für Energie	H

Soll	Gewinn- und Verlustkonto	Haben

Soll	Schlussbilanzkonto	Haben

Lernsituation 4: Sie werten das Konto „Gewinn und Verlust" zur Kontrolle der Wirtschaftlichkeit aus und leiten erste Maßnahmen zur Verbesserung der Unternehmenssituation ab

Krisenstimmung in der Center Warenhaus GmbH. Die Geschäftsführung, vertreten durch Herrn Becker, hat zu einer außerordentlichen Personalversammlung des Unternehmens geladen. Bereits im Vorfeld ist durchgesickert, dass die Geschäftszahlen des vergangenen Jahres offenbar nicht die Erwartungen erfüllt haben. Nach einer kurzen Ansprache kommt Herr Becker auch sogleich zur Sache und präsentiert die aufbereiteten Zahlen der Gewinn- und Verlustrechnung:

„… so hat unser Unternehmen also bei Weitem seine Ziele verfehlt. Als Unternehmensleitung müssen wir hierauf reagieren, um diesen Trend zu stoppen. Dabei haben wir ein Interesse, unser bisher ausgezeichnetes Betriebsklima zu erhalten und alle Arbeitsplätze im Unternehmen zu sichern. Dennoch werden wir einiges verändern müssen. Um nun nichts übers Knie zu brechen, wollen wir Sie alle an diesem Prozess beteiligen. Suchen Sie deshalb im Rahmen Ihrer anstehenden Teamsitzungen in Ihren Abteilungen gemeinsam nach Lösungen. Über Ihre Abteilungsleiter sammeln wir Ihre Vorschläge, die wir in der Geschäftsleitung gewissenhaft prüfen …"

Aufbereitete Zahlen der Gewinn- und Verlustrechnung:

Aufwendungen und Erträge	Nach Geschäftsjahren in TEUR			
	Jahr 1	%	Jahr 2	%
Aufwendungen für Waren	8.650		9.080	
Personalaufwendungen	2.870		3.000	
Aufwendungen für Räume	201		244	
Aufwendungen für Kfz	80		120	
Werbung	520		330	
Steuern und Versicherungen	64		75	
Zinsaufwendungen	243		220	
Sonstige Aufwendungen (Büromaterial, Instandhaltung usw.)	820		820	
SUMME:	13.448	100	13.889	100
Umsatzerlöse für Waren	14.270		13.700	

Beschreibung und Analyse der Situation

Arbeiten Sie in Gruppen. Diese repräsentieren jeweils eine Abteilung der Center Warenhaus GmbH. Analysieren Sie die vorgelegten Zahlen.
Berechnen Sie in der oben dargestellten Tabelle die Anteile der jeweiligen Aufwendungen an den Gesamtaufwendungen. (Auf zwei Stellen nach dem Komma runden.)
Stellen Sie die Anteile der jeweiligen Aufwendungen vergleichend in einem Säulendiagramm dar.

| Tipp: | Dies können Sie manuell oder mithilfe eines Computers tun. |

Stabdiagramm:

Ermitteln Sie den Umsatz, den Wareneinsatz, den Warenrohgewinn, die Handlungskosten, den Handlungskostenzuschlagssatz, den Gewinn sowie die Wirtschaftlichkeit der Center Warenhaus GmbH in den vergangenen zwei Jahren und stellen Sie diese Werte in der unten aufgeführten Tabelle dar. (Auf zwei Stellen nach dem Komma runden.)

| Tipp: | Bevor Sie mit der Bearbeitung dieser Aufgabe anfangen, sollten Sie sich über die genaue Bedeutung und Berechnung dieser Werte in Ihrem Lehrbuch informieren. |

	Nach Geschäftsjahren in TEUR	
	Jahr 1	Jahr 2
Umsatz in TEUR		
Wareneinsatz in TEUR		
Warenrohgewinn in TEUR		
Handlungskosten in TEUR		
Handlungskostenzuschlagssatz in TEUR		
Gewinn in TEUR		
Wirtschaftlichkeit in %		

a) Beraten und analysieren Sie in Ihrer Gruppe die Ihnen vorliegenden Ergebnisse und listen Sie in Stichworten auf, welche ersten Erkenntnisse Sie daraus ziehen.

Planen und Durchführen

Verständigen Sie sich in Ihrer Gruppe auf Maßnahmen, die zur Verbesserung der Unternehmenssituation beitragen. Benennen und erläutern Sie Ihre Ideen.

Geben Sie eine Prognose ab und stellen Sie dar, welche Planzahlen Sie auf Basis Ihrer geplanten Maßnahmen im kommenden Geschäftsjahr anstreben.

Angestrebte Aufwendungen und Erträge			Angestrebte Kennzahlen	
	Betrag in TEUR	%		
Aufwendungen für Waren			Umsatz in TEUR	
Personalaufwendungen			Wareneinsatz in TEUR	
Aufwendungen für Räume			Warenrohgewinn in TEUR	
Aufwendungen für Kfz			Handlungskosten in TEUR	
Werbung				
Steuern und Versicherungen			Handlungskostenzuschlagssatz in TEUR	
Zinsaufwendungen				
Sonstige Aufwendungen (Büromaterial, Instandhaltung usw.)			Gewinn in TEUR	
SUMME:			Wirtschaftlichkeit in %	
Umsatzerlöse für Waren				

Stellen Sie die neuen und die bisherigen Handlungskosten in einem Stabdiagramm einander gegenüber.

Tipp: Arbeiten Sie mit einem Computer und kleben Sie Ihre Diagramme in das Arbeitsheft ein.

Stellen Sie die Struktur der neuen Handlungskosten in einem Kreisdiagramm dar.

Bewerten

Simulieren Sie in Ihrer Klasse die Abteilungsleiterrunde, in welcher jeder Teamvertreter seine Maßnahmen zur Verbesserung der Unternehmenssituation darstellt. Eine Mitschülerin oder ein Mitschüler übernimmt dabei die Rolle der Geschäftsführung und leitet die Abteilungsleiterrunde. Die Beobachter dokumentieren die vereinbarten Maßnahmen auf Karteikarten.

Lernergebnisse sichern

Ergänzen Sie die Maßnahmen aus der Abteilungsleiterrunde, die Sie in Ihrer Gruppe bisher noch nicht erörtert und dokumentiert haben.

Aufgaben zur Prüfungsvorbereitung

Zwischenprüfung

1. Aufgabe
Welche der folgenden Aussagen zur Bilanz ist richtig?
Kreuzen Sie die richtige Aussage an.

1. Die Bilanz ist eine Gegenüberstellung von Vermögen und Schulden eines Unternehmens. ☐
2. Die Bilanz ist eine ausführliche und detaillierte Darstellung von Vermögen, Schulden und Reinvermögen in Staffelform. ☐
3. Die Bilanz hat eine Soll- und eine Habenseite. ☐
4. Die Bilanz ist eine Gegenüberstellung von Vermögen und Kapital in Kontenform. ☐
5. Die Aufstellung der Bilanz ist für Kaufleute freiwillig. ☐

2. Aufgabe
Kennzeichnen Sie die unten stehenden Aussagen mit einer
1, wenn Sie ihr zustimmen.　　　　　9, wenn Sie ihr nicht zustimmen.

1. Aktiv- und Passivkonten bilden die Gruppe der Bestandskonten. ☐
2. Bei jedem Geschäftsfall entspricht der gebuchte Betrag auf der Sollseite dem gebuchten Betrag auf der Habenseite. ☐
3. Buchungssätze, die leicht zu lösen sind, werden als „einfache Buchungssätze" bezeichnet. ☐
4. Im Grundbuch werden alle Geschäftsfälle lückenlos in zeitlicher Reihenfolge erfasst. ☐
5. Das Hauptbuch ist wichtiger als das Grundbuch, da die Buchhaltung hauptsächlich in diesem Bereich arbeitet. ☐
6. Beim Abschluss der Bestandskonten steht der Saldo immer auf der wertmäßig größeren Seite. ☐

3. Aufgabe
Versehen Sie die folgenden Aussagen mit einer
1, wenn sie für die Bestandskonten gilt.　　　9, wenn sie für die Erfolgskonten gilt.

1. … haben keinen Anfangsbestand. ☐
2. … bestimmen den Erfolg des Unternehmens. ☐
3. … werden über das SBK abgeschlossen. ☐
4. … verändern das Eigenkapital des Unternehmens. ☐
5. … werden über das GuV-Konto abgeschlossen. ☐
6. … werden unterteilt in Aktiv- und Passivkonten. ☐

4. Aufgabe
Prüfen Sie die unten dargestellten Berechnungen. Tragen Sie in die jeweiligen Kästchen ein, ob es sich bei dem Ergebnis um
1 den Rohgewinn
2 den Reingewinn
3 keines von beiden handelt

1. Umsatzerlöse – Wareneinsatz ☐
2. Umsatzerlöse – Rohgewinn ☐
3. Erträge – Aufwendungen ☐
4. Rohgewinn – Handlungskosten ☐

Abschlussprüfung Verkäufer/-in und Einzelhandelskaufmann/-kauffrau

Prüfungsgebiete: Warenwirtschaft und Rechnungswesen sowie Kaufmännische Handelstätigkeit

Situation zur 1. und 2. Aufgabe
Ihnen liegt die abgebildete Bilanz vor:

Aktiva		Bilanz zum 31. Dezember .. in EUR		Passiva
I. Anlagevermögen		I. Eigenkapital		413.500,00
1. Grundstück mit Bauten	700.000,00	II. Verbindlichkeiten		
2. Fuhrpark	300.000,00	1. **langfristige** Darlehensschulden		2.662.500,00
3. Betriebs- und Geschäftsausstattung	900.000,00	2. **kurzfristige** Verbindlichkeiten a. LL		370.000,00
II. Umlaufvermögen				
1. Warenbestand	1.200.000,00			
2. Forderungen a. LL	40.000,00			
3. Kasse	6.000,00			
4. Bankguthaben	300.000,00			
	3.446.000,00			3.446.000,00

1. Aufgabe
Wie viel Prozent beträgt der Anteil des Eigenkapitals am Gesamtvermögen?
(Auf eine Stelle nach dem Komma runden.)

2. Aufgabe
Wie viel Prozent beträgt der Anteil des Anlagevermögens am Gesamtvermögen?
(Auf eine Stelle nach dem Komma runden.)

3. Aufgabe
Am Jahresende liegen Ihnen folgende Daten vor:

Aufwendungen für Waren	2.600.500,00 EUR
Personalaufwand	418.400,00 EUR
Werbeaufwand	360.900,00 EUR
Aufwendungen für Beiträge	31.700,00 EUR
Zinsaufwendungen	27.800,00 EUR
Betriebliche Steuern	29.800,00 EUR
Umsatzerlöse	4.120.400,00 EUR

Ermitteln Sie den Gewinn oder Verlust in EUR.

LERNFELD 9

Preispolitische Maßnahmen vorbereiten und durchführen

Lernsituation 1: Sie beurteilen die Bedeutung des Verkaufspreises als absatzpolitisches Instrument

Oliver Lehnert, Abteilungsleiter Verkauf/Marketing in der Center Warenhaus GmbH, erhält von einem italienischen Hersteller einen aktuellen Katalog für modische Sportbekleidung und neu entwickelte Wintersportartikel. Sowohl das Angebot für Skibekleidung als auch die neu entwickelten Wintersportartikel gefallen Herrn Lehnert. Er entschließt sich u. a. 100 Skianoraks, 50 Snowboards und 100 Carvingski zu bestellen.

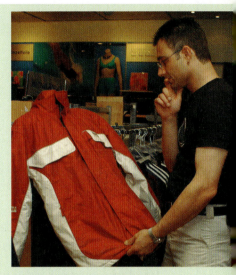

Herr Lehnert fragt sich nun, welchen Ladenverkaufspreis er festlegen soll. So beträgt der Bezugs-/Einstandspreis für den Skianorak „Stella" laut Katalog 125,00 EUR. Vergleichbare Skianoraks hat Herr Lehnert bei der Konkurrenz bereits gesehen. Bei zwei Fachgeschäften in der Nähe kostet ein vergleichbarer Artikel 370,00 EUR und 345,00 EUR, die Sportabteilung in einem SB-Warenhaus verlangt 329,00 EUR. Herr Lehnert arbeitet in der Textil-/Sportabteilung normalerweise mit einem Handlungskostenzuschlag von 80%, einem Gewinnzuschlag von 20%, 2% Kundenskonto, 10% Kundenrabatt und 19% USt. Folglich müssten die Skianoraks mit 364,28 EUR ausgezeichnet werden. Die neu entwickelten Wintersportartikel (Snowboards, Carvingski) gibt es bisher in keinem anderen Sportgeschäft der näheren Umgebung. Um sich zu beraten, lädt er neben der Substitutin Elena Gutowski auch Sabine Freund zu einer Besprechung ein. Vor der Besprechung bittet Herr Lehnert Sabine darum, alle Einflussgrößen zusammenzustellen, die bei der Preisfestlegung berücksichtigt werden müssen. Sabine fragt Frau Gutowski: *„Warum kostet eigentlich ein Anorak bei uns 364,28 EUR und bei einem Konkurrenten 329,00 EUR? Wie kommen diese unterschiedlichen Preise zustande?"*

Beschreibung und Analyse der Situation

Beschreiben Sie, welche Aspekte Herr Lehnert bislang in seinen Preisüberlegungen berücksichtigt.

Lernsituation 1

Sammeln Sie weitere Aspekte, die Herr Lehnert bei der Kalkulation des Verkaufspreises der unterschiedlichen Artikel berücksichtigen sollte.

___

Klären Sie mithilfe Ihres Lehrbuches die Ihnen unbekannten Begriffe aus der Kalkulation der Textil-/und Sportabteilung.

Hinweis: Dieser Auftrag kann ggf. auch zuerst bearbeitet werden. Es geht an dieser Stelle lediglich um ein grobes Begriffsverständnis der Kalkulationsgrößen – nicht um deren Berechnung. Zu klären sind:

Handlungskostenzuschlag (HKZ):

___

Gewinnzuschlag (GWZ):

___

Kundenskonto (KS):

___

Kundenrabatt (KR):

Planen und Durchführen

Legen Sie für den Skianorak „Stella" (Bezugs-/Einstandspreis 125,00 EUR) und das Snowboard „Jump" (Bezugs-/Einstandspreis 168,00 EUR) einen Auszeichnungspreis fest.

a) Bestimmen Sie für die Gruppenarbeit einen Zeitwächter und mindestens zwei Personen für die Präsentation. Die Ergebnisse Ihrer Arbeit halten alle fest.
b) Informieren Sie sich in Ihrem Lehrbuch über die verschiedenen Preisstrategien. Einigen Sie sich anschließend auf eine wirtschaftlich sinnvolle Preisstrategie für den jeweiligen Artikel und begründen Sie Ihre Entscheidung.

c) Kalkulieren Sie je einen Auszeichnungspreis für die beiden Artikel.

Skianorak „Stella"	Prozent-satz	Betrag in EUR	Dreisatz
Bezugspreis			
+ Handlungskosten	80		100 % = 125,00 EUR 80 % = x EUR x =
= Selbstkostenpreis			
+ Gewinnzuschlag			
= Barverkaufspreis			
+ Kundenskonto			98 % = 270,00 EUR 2 % = x EUR x =
= Zielverkaufspreis			
+ Kundenrabatt			
= Listenverkaufspreis			
+ Umsatzsteuer			100 % =
= Bruttoverkaufspreis		364,28	
gerundeter Auszeichnungspreis unter Berücksichtigung der gewählten Preisstrategie			

Snowboard „Jump"	Prozent-satz	Betrag in EUR	Dreisatz
Bezugspreis			
+			
= Selbstkostenpreis			
+			
= Barverkaufspreis			
+			
= Zielverkaufspreis			
+			
= Listenverkaufspreis			
+			
= Bruttoverkaufspreis			
gerundeter Auszeichnungspreis unter Berücksichtigung der gewählten Preisstrategie			

d) Präsentieren Sie Ihre Kalkulationsentscheidung und stellen Sie sie zur Diskussion.

Bewerten

Tragen Sie die vorgeschlagenen Preise und die zentralen Begründungen aller Gruppen in die nachstehende Übersicht ein. Diskutieren Sie dann die Konsequenzen von „zu niedrigen" und „zu hohen" Preisen.

Gegenüberstellung der Gruppenentscheidungen

Artikel	Gruppe 1	Gruppe 2	Gruppe 3	Gruppe 4
Auszeichnungspreis Skianorak „Stella"				
Begründung				
Auszeichnungspreis Funboard „Jump"				
Begründung				

Konsequenzen von „zu niedrigen Preisen":

Konsequenzen von „zu hohen Preisen":

Lernergebnisse sichern

Erstellen Sie eine Mind-Map mit den Aspekten, die ein Einzelhandelsunternehmen bei der Preisfestlegung der Verkaufspreise berücksichtigen sollte.

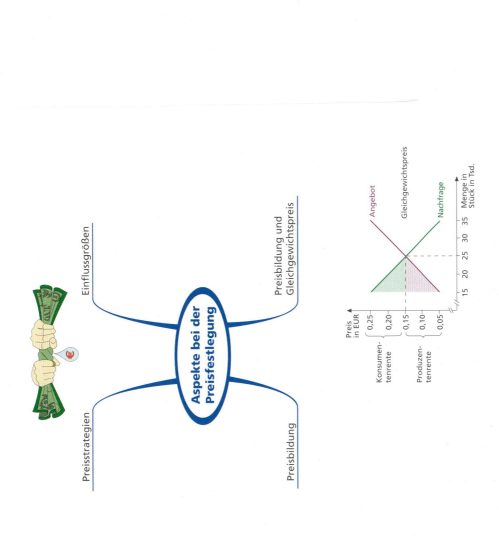

Übung 1.1: Preisbildung und Gleichgewichtspreis

In einer Großstadt gibt es – gerade im Sommer – an einem Tag sehr viele Nachfrager nach Eiscreme und auch sehr viele Anbieter in Form von kleinen Eisdielen. Nehmen wir zudem an, dass die Qualität der Eiskugeln gleich ist und es den Nachfragern egal ist, in welcher der vielen Eisdielen sie ihr Eis kaufen. In einem solchen Fall hängen die nachgefragte und auch die angebotene Menge von Eiskugeln allein vom Preis ab.

Das kennen Sie selbst: Je geringer der Preis/Kugel ist, desto _____ Kugeln kauft man bzw. desto mehr Leute kaufen. Betrachtet man die gesamte Nachfrage, so ergibt sich die folgende Situation.

Nachfrage nach Eiskugeln

Preis in EUR	Menge in Stk.
0,40	70.000
0,50	60.000
0,60	50.000
0,70	40.000
0,80	30.000

Angebot an Eiskugeln

Preis in EUR	Menge in Stk.
0,40	30.000
0,50	40.000
0,60	50.000
0,70	60.000
0,80	70.000

Bei den Eisverkäufern ist die Situation anders. Wenn diese für ihr Eis einen _____ Preis erzielen können, werden sie mehr anbieten.

Grafische Darstellung der Marktsituation

1. Erläutern Sie mündlich den Verlauf der Angebotskurve.

2. Zeichnen Sie die Nachfragekurve ein.

3. Vervollständigen Sie die Aussagen zu der Abbildung:
Bei einem Preis von 0,80 EUR beträgt das Angebot an Eiskugeln _____ Tsd. Stück. Die Nachfrage beträgt bei diesem Preis _____ Tsd. Stück. Somit übersteigt das Angebot die _____ um _____ Tsd. Eiskugeln (Angebotsüberschuss). Die Verkäufer würden versuchen, den Absatz durch _____ zu steigern.

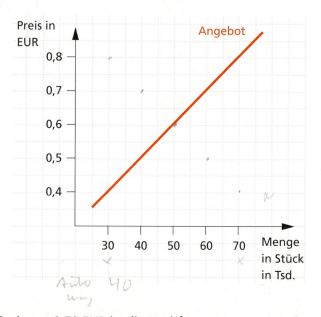

Bei einem Preis von 0,50 EUR ist die Nachfrage um _____ Tsd. Kugeln _____ als das Angebot _____ _____. Die Eisverkäufer nutzen diese Situation und erhöhen die _____.

Der _____ beträgt 0,60 EUR. Alle, die zu diesem Preis eine Eiskugel nachfragen oder anbieten, kommen zum Zuge. Die Gleichgewichtsmenge (gehandelte Menge) beträgt _____ Tsd. Stück.

Übung 1.2: Möglichkeiten der Preisdifferenzierung

Entscheiden Sie, um welche Art der Preisdifferenzierung (zeitliche, räumliche, personelle, mengenmäßige) es sich bei den folgenden Beispielen handelt.

Beispiel	Preisdifferenzierung
Ein Möbelhändler bietet in seinem Restaurant Speisen und Getränke von 9.00 bis 11.30 Uhr mit einem Rabatt von 20 % zum „Late-Breakfast-Preis" an.	
Das Kino im EKZ-Rheinpark bietet für Auszubildende und Schüler reduzierte Eintrittspreise an.	
Ein Schokoriegel kostet an einer Autobahnraststätte 35 % mehr als in einem Supermarkt.	
An einem Marktstand kostet 1 kg Bananen 1,65 EUR, bei Abnahme von 5 kg zahlt der Kunde je kg 1,45 EUR.	
Tankstellen im Grenzgebiet zu den Niederlanden verkaufen Benzin günstiger als in anderen Gebieten Deutschlands gelegene Tankstellen.	
Ein Unternehmen gewährt seinen Mitarbeitern beim Einkauf einen Personalrabatt von 15 %.	
Ein Einzelhändler bietet seinen Kunden beim Kauf von drei gleichen Artikeln an: „Drei kaufen, zwei bezahlen!"	

Übung 1.3: Die Berechnung des Handlungskostenzuschlagssatzes sowie die Kalkulation von Selbstkosten- und Barverkaufspreis

Die Handlungskosten eines Unternehmens müssen in der Kalkulation berücksichtigt werden. Das Zahlenmaterial für diese Berechnung liefert die Gewinn- und Verlustrechnung.

S	Gewinn und Verlust (GuV)		H
Aufwendungen für Waren (Wareneinsatz)	3.800.000,00	Umsatzerlöse für Waren	?
Personalkosten	1.200.000,00		
Mietaufwand	250.000,00		
Energieaufwand	170.000,00		
Steuern	300.000,00		
Abschreibungen	350.000,00		
Werbung	200.000,00		
Gewinn	?		

a) Berechnen Sie die Handlungs- und die Selbstkosten in EUR.

Handlungskosten =

=

Selbstkosten = +

+

=

b) Berechnen Sie den Handlungskostenzuschlagssatz. Überprüfen Sie anschließend Ihr Ergebnis, indem Sie mithilfe des HKZ die Selbstkosten berechnen.

Berechnung des HKZ mithilfe des Dreisatzes:

```
                                    —    100 %
Handlungskosten   2.470.000,00 EUR  —    X % = Handlungskostenzuschlagssatz (HKZ)
```

HKZ = ——————————— =

Überprüfung:

Wareneinsatz

+   HKZ

    =   Selbstkosten

c) Halten Sie die Formel für die Berechnung des HKZ allgemein fest.

HKZ = ————————————————————————

d) Der Gewinnzuschlagsatz beträgt 20 %.

1. Berechnen Sie den Gewinn in EUR.

2. Berechnen Sie die Höhe der Umsatzerlöse für Waren.

Übung 1.4: Ein Kalkulationsschema mit einem Tabellenkalkulationsprogramm erstellen

	A	B	C	D
			Eingabefelder	
1	**Verkaufskalkulation (Vorwärtskalkulation)**			
2	Die Preiskalkulation für den Verkauf kann vom Listeneinkaufs- oder vom Bezugspreis ausgehen.			
3	Ziel ist, den Listenverkaufspreis zu ermitteln.			
4			**Eingabefelder**	
5	**KALKULATIONSSCHEMA**	%	EUR	Formeln
6	Listeneinkaufspreis		123,50	Zahleneingabe erforderlich
7		10		
8				
9		3		
10				
11			17,00	Zahleneingabe erforderlich
12				
13		80		
14				
15		10		
16				
17		3		
18				
19		5		
20				
21		19		
22	Auszeichnungspreis			

Tipp: Arbeiten Sie mit Bleistift.

a) Ergänzen Sie die fehlenden Größen der Kalkulation in Spalte A.
b) Geben Sie die Formeln in Spalte D an, die Sie bei einem Tabellenkalkulationsprogramm in Spalte C einsetzen müssten.
c) Berechnen Sie den Auszeichnungspreis mit den hier angegebenen Werten.

Wenn Sie mit einem Tabellenkalkulationsprogramm arbeiten:
d) Nehmen Sie an, der Listeneinkaufspreis steigt auf 150,00 EUR und Sie können aufgrund der Marktsituation den Auszeichnungspreis nicht erhöhen. Welche Größen in Spalte B würden Sie verändern, um den Auszeichnungspreis zu halten? Erproben Sie mithilfe Ihrer Tabellenkalkulation unterschiedliche Möglichkeiten und treffen Sie eine begründete Entscheidung.

Übung 1.5: Verkaufspreise kalkulieren und den Roh- und Reingewinn berechnen

Der Mars Elektrofachmarkt e. K. plant seine Sommeraktion, durch die er den Umsatz kurz vor den Sommerferien noch einmal richtig ankurbeln möchte.

Die drei in den folgenden Rechnungen aufgeführten Artikel gehören zum Aktionssortiment.

a) Ermitteln Sie den Bezugspreis pro Stück für die Kamera, das Navigationsgerät und den MP3-Player.

Bezugspreise		
Kamera	Navigationsgerät	MP3-Player

b) Vervollständigen Sie das abgebildete Kalkulationsschema und berechnen Sie den Bruttoverkaufspreis für die Kamera, das Navigationsgerät und den MP3-Player.

- Die Digitalkameras sowie die Navigationsgeräte werden mit einem Handlungskostenzuschlag von 40,00 % und einem Gewinn von 10,00 %, kalkuliert.

- Die MP3-Player hingegen werden mit einem Handlungskostenzuschlag von 35,00 % sowie einem Gewinn von 20,00% kalkuliert.

		Digitalkamera	Navigationsgerät	MP3-Player	
	%	EUR	EUR	%	EUR
= Bezugspreis					
= Bruttoverkaufspreis					

c) Entscheiden Sie sich auf Grundlage Ihrer Kalkulationsergebnisse für die Auszeichnungspreise. Beachten Sie dabei die Grundsätze der psychologischen Preisfestsetzung

	Digitalkamera	Navigationsgerät	MP3-Player
= Auszeichnungspreis			

d) Berechnen Sie den Roh- und den Reingewinn pro Kamera, Navigationsgerät und MP3-Player.

	Digitalkamera	Navigationsgerät	MP3-Player
Rohgewinn			
Reingewinn			

e) Berechnen Sie den möglichen Rohgewinn und Reingewinn, wenn der Mars Elektrofachmarkt alle Aktionsartikel verkauft?

Rohgewinn	Digitalkamera	
	Navigationsgerät	
	MP3-Player	
	Gesamt	
Reingewinn	Digitalkamera	
	Navigationsgerät	
	MP3-Player	
	Gesamt	

Übung 1.6: Verschiedene Verkaufspreise kalkulieren

Berechnen Sie die Auszeichnungspreise der folgenden Artikel der Center Warenhaus GmbH. Die Aufgabenteile a) und b) sind von allen in der Klasse zu rechnen, während c) und d) Zusatzaufgaben, die über den Anforderungsbereich der IHK-Prüfungen hinausgehen.

	Listeneinkaufspreis in EUR	Lieferer-rabatt in %	Lieferer-skonto in %	Bezugs-kosten in EUR je Stück	Handlungs-kostenzu-schlagssatz in %	Gewinnzu-schlagssatz in %	Kunden-skonto in %	Kunden-rabatt in %	USt. in %
a)	1,25	–	3,00	0,05	20,00	10,00	–	–	7,00
b)	14,70	10,00	3,00	0,10	35,00	12,00	–	–	19,00
c)	75,00	15,00	2,00	1,00	45,00	10,00	–	15,00	19,00
d)	240,00	5,00	3,00	1,33	40,00	12,00	3,00	20,00	19,00

	a)		b)		c)		d)	
	%	EUR	%	EUR	%	EUR	%	EUR
Listeneinkaufspreis								
– Lieferrabatt								
= Zieleinkaufspreis								
– Liefererskonto								
= Bareinkaufspreis								
+ Bezugskosten								
= Bezugspreis								
+ Handlungskosten								
= Selbstkostenpreis								
+ Gewinn								
= Barverkaufspreis								
+ Kundenskonto (i. H.)								
= Zielverkaufspreis								
+ Kundenrabatt (i. H.)								
= Listenverkaufspreis (netto)								
+ Umsatzsteuer								
= Bruttoverkaufspreis / Auszeichnungspreis								

Übung 1.7: Vereinfachte Kalkulation mit Kalkulationszuschlag und Kalkulationsfaktor

Im Mars Elektrofachmarkt e. K. werden im Bereich Computerzubehör alle Artikel mit **gleichen Zuschlägen** neu kalkuliert. Der Handlungskostenzuschlag soll wie bisher 40 % betragen, der Gewinnzuschlag soll von bisher 12 % auf 15 % angehoben werden und die Umsatzsteuer beträgt 19 %. Zur schnelleren Berechnung werden diese Zuschläge mit dem **Kalkulationszuschlag** zusammengefasst. Um kundengerechte Schwellenpreise zu erreichen, wird darüber hinaus vereinbart, die kalkulierten Verkaufspreise auf 4,95 bzw. 9,95 aufzurunden.

a) Ermitteln Sie den **Kalkulationszuschlagssatz** für die Warengruppe Computerzubehör. Gehen Sie zur Vereinfachung von einem Bezugspreis von 100,00 EUR aus.

	%	EUR
= Bezugspreis/Einstandspreis		100,00
+		
=		
+		
=		
+		
= Listenverkaufspreis(brutto)/ Auszeichnungspreis		

100 %

Zuschlag
in EUR : _____
in % : _____

_____

Der Kalkulationszuschlagssatz beträgt _____.

Wie hoch ist für eine Ware mit einem Bezugspreis von 32,00 EUR der Bruttoverkaufspreis, wenn Sie den obigen Kalkulationszuschlag zugrunde legen?

b) Ausgehend vom Kalkulationszuschlag lässt sich der **Kalkulationsfaktor** berechnen, der dazu dient, die Kalkulation weiter zu vereinfachen.

Kalkulationsfaktor = _____

Berechnen Sie für einen Kalkulationszuschlag von 91,49 % den zugehörigen Kalkulationsfaktor.

Kalkulationsfaktor = ─────────────── =

Mit dem Kalkulationsfaktor wird der Bezugspreis multipliziert, um den Bruttoverkaufspreis zu erhalten:
Bezugspreis • Kalkulationsfaktor = Bruttoverkaufspreis

Berechnen Sie mithilfe des Kalkulationsfaktors den Auszeichnungspreis für eine Ware mit einem Bezugspreis von 32,00 EUR.

c) Wenden Sie den unter b) berechneten Kalkulationsfaktor für die folgenden Artikel an und ermitteln Sie den kalkulierten Auszeichnungspreis. Setzen Sie anschließend die Vorgabe bezüglich der Schwellenpreise um und geben Sie eine Anweisung für den endgültigen Auszeichnungspreis im Geschäft an.

Artikel		Kalkulierter Auszeichnungspreis	Endgültiger Auszeichnungspreis
Druckerkabel	Bezugspreis 3,80 EUR	EUR	EUR
Speicherstick	Bezugspreis: 9,45 EUR	EUR	EUR
Funkmaus	Bezugspreis: 11,90 EUR	EUR	EUR
Druckerpatrone	Bezugspreis: 5,90 EUR	EUR	EUR
Laptopschutztasche	Bezugspreis 14,50 EUR	EUR	EUR

Übung 1.8: Rückwärts- und Differenzkalkulation

Im Schlegel Discount geht der Absatz an Frischmilch, die für **0,70 EUR** angeboten wird, deutlich zurück, weil ein großer ortsansässiger Konkurrent sie für **0,65 EUR** anbietet.

a) Rückwärtskalkulation:
Zu welchem Bezugspreis muss die Ware zukünftig eingekauft werden, damit bei einem Handlungskostenzuschlag von 25 %, einem Gewinnzuschlag von 3 % sowie einer USt. in Höhe von 7 % der Bruttoverkaufspreis des Konkurrenten gehalten werden kann?

	%	EUR
= Bezugspreis/Einstandspreis		
+		
=		
+		
=		
+		
= Listenverkaufspreis (brutto)/ Auszeichnungspreis		0,65

_____ = _____
_____ = _____
103 % = _____
_____ = x EUR
107 % = _____
7 % = x EUR

Lösung: Der Bezugspreis für die Frischmilch muss bei _____ liegen, damit der Schlegel Discounter diesen Artikel für 0,65 EUR anbieten kann.

b) Differenzkalkulation:

Das günstigste Angebot, zu dem Herr Schlegel die Milch einkaufen kann, liegt bei **0,49 EUR/Liter**. Berechnen Sie die Auswirkungen auf die Kalkulation des Schlegel Discounts, wenn weiterhin der Auszeichnungspreis von **0,65 EUR** gehalten werden soll.

	%	EUR
= Bezugspreis/Einstandspreis		0,49
+		
=		
+	0	0,00
=		
+		
= Listenverkaufspreis (brutto)/ Auszeichnungspreis		0,65

_____ = 0,49 EUR

_____ = _____

_____ = 0,65 EUR

_____ = _____

Lösung: Wenn der Schlegel Discount den Verkaufspreis von 0,65 EUR halten möchte, verbleibt ihm _____ .

c) Würden Sie in diesem Fall den Preis des Konkurrenten halten – oder nicht?

_____
_____
_____
_____
_____

Übung 1.9: Kalkulationsabschlag

Die einzelnen Zuschläge sind bekannt

Der Schlegel Discounter kalkuliert seine Warengruppe Kosmetik und Hygieneartikel mit 40 % Handlungskosten, 9 % Gewinn, 19 % Umsatzsteuer

	%	EUR
= Bezugspreis/Einstandspreis		
+		
=		
+		
=		
+		
= Listenverkaufspreis (brutto)/ Auszeichnungspreis		100,00

140 % = _____

_____ = _____

_____ = 84,03 EUR

_____ = _____

_____ = 100,00 EUR

19 % = x EUR

Lösung: Der Kalkulationsabschlag beträgt _____

Wie hoch ist der **Bezugspreis** für ein Duschgel mit einem **Bruttoverkaufspreis von 1,49 EUR**, wenn Sie den obigen Kalkulationsabschlag zugrunde legen?

100 % = _____

_____ = x EUR   x = _____ EUR Bezugspreis

Übung 1.10: Handelsspanne

1. **Möglichkeit: Die einzelnen Zuschlagssätze sind bekannt.**

Für seine Warengruppe „Tiefkühlprodukte" kalkuliert der Schlegel Discount 40 % Handlungskosten sowie 4 % Gewinn auf seine Einstandspreise.
Wie hoch ist seine Handelsspanne?

	%	EUR
= Bezugspreis/Einstandspreis		
+		
=		
+		
= Listenverkaufspreis (netto)		100

Handelsspanne: _____ 100 %

Wie hoch ist für eine Ware mit einem Nettoverkaufspreis von 3,30 EUR der **Bezugspreis**, wenn Sie die obige Handelsspanne zugrunde legen?

Achtung: Bezugspreis = 100 % – Handelsspanne = _____

100 %   = _____

_____ = x EUR   x = _____ EUR

2. **Möglichkeit: Bezugspreis (Einstandspreis) und Nettoverkaufspreis sind bekannt.**

Eine Ware hat einen Bezugspreis von 58,60 EUR, ihr Nettoverkaufspreis beträgt 82,70 EUR. Wie hoch ist die Handelsspanne?

_____ EUR – _____ EUR = _____ EUR

_____ = 100 %

_____ = x %   x = _____ % Handelsspanne

Handelsspanne = _____

Abschlussprüfung

Prüfungsgebiete: Warenwirtschaft und Rechnungswesen/Verkauf und Marketing

Situation zur 1. bis 8. Aufgabe
Sie sind in der Center Warenhaus GmbH in der Abteilung für Lederwaren und Koffer eingesetzt. Dabei sind Sie auch für die Kalkulationen zuständig.

1. Aufgabe
Der Bezugspreis für einen Rucksack beträgt 25,00 EUR. Sie kalkulieren mit 6,5 % Gewinn und 40 % Handlungskostenzuschlag, der Umsatzsteuersatz beträgt 19 %. Wie hoch ist der Bruttoverkaufspreis (auf zwei Nachkommastellen runden)?

2. Aufgabe
Der Einstandspreis für eine Brieftasche beträgt 8,00 EUR, der Auszeichnungspreis 14,00 EUR.
2.1 Berechnen Sie den Kalkulationszuschlagssatz in Prozent.

2.2 Berechnen Sie den Kalkulationsfaktor.

3. Aufgabe
In Ihrer Abteilung wird eine Handtasche angeboten, die mit 40,00 EUR ausgezeichnet ist. Im Rahmen einer Aktion soll sie um 17 % im Preis herabgesetzt werden. Berechnen Sie den neuen Auszeichnungspreis.

4. Aufgabe
In der Aktion befindet sich auch eine Ledergeldbörse eines Markenherstellers mit einer UVP (unverbindliche Preisempfehlung) von 39,99 EUR. Der Aktionspreis beträgt 34,99 EUR. Wie viel Prozent beträgt die Preissenkung gegenüber der UVP?

Preissenkung in EUR:

= 100 %   X =   =

= x %

5. Aufgabe
Ein Luxuskofferset eines Markenherstellers wird zu einem Auszeichnungspreis von 785,40 EUR angeboten, Umsatzsteuer 19 %. Es wurde mit 50 % Handlungskosten und 10 % Gewinn kalkuliert. Berechnen Sie den Bezugspreis des Artikels.

6. Aufgabe
Ihr Abteilungsleiter teilt Ihnen mit, dass die Handlungskosten der Abteilung sehr hoch sind. Er möchte von Ihnen wissen, welche Maßnahme zu einer Reduzierung führt. Kreuzen Sie die richtige Aussage an.

1. Reduzierung der Bezugskosten? ☐
2. Reduzierung des Energieverbrauchs? ☐
3. Reduzierung des Gewinns? ☐
4. Aushandeln von höheren Liefererrabatten? ☐
5. Ausnutzen von Liefererboni und -skonti? ☐

7. Aufgabe
Außerdem fragt er Sie, welchen Bestandteil der Warenkalkulation ein Einzelhändler nicht beeinflussen kann. Kreuzen Sie Zutreffendes an.

1. Die erhaltenen Nachlässe ☐
2. Die Gewinnspanne ☐
3. Die Selbstkosten ☐
4. Die Höhe der Umsatzsteuer ☐
5. Die Bezugskosten ☐

8. Aufgabe
Bei der Preisauszeichnung für die Aktionsartikel fragt Sie Ihr Abteilungsleiter, warum ein Einzelhändler nicht immer die ursprünglich kalkulierten Verkaufspreise verlangen kann. Kreuzen Sie die richtige Begründung an.

1. Weil der Einzelhändler verpflichtet ist, hohe Rabatte zu gewähren. ☐
2. Weil der Einzelhändler wegen mangelnder Liquidität den Liefererskonto nicht ausnutzen kann. ☐
3. Weil der Gewinn sonst zu niedrig ist. ☐
4. Weil der Einzelhändler an den Richtpreis des Herstellers gebunden ist. ☐
5. Weil die Konkurrenz gleiche oder vergleichbare Produkte preisgünstiger anbietet. ☐

Aufgaben zur Prüfungsvorbereitung

Situation zur 9. bis 14. Aufgabe
Die Center Warenhaus GmbH führt einen Jubiläumsverkauf durch, an dessen Planung und Durchführung Sie beteiligt sind.

9. Aufgabe
Auf einem Sondertisch werden unterschiedliche Artikel mit einem großen Preisschild „Jeder Artikel 1,00 EUR" angeboten. Die Artikel sind nicht einzeln ausgezeichnet. Wie ist diese Art der Preisauszeichnung rechtlich zu beurteilen? Kreuzen Sie an, welche Aussagen **falsch** sind:

1. Nur gleichartige Artikel müssen nicht einzeln ausgezeichnet werden. ☐
2. Die Center Warenhaus GmbH hätte angeben müssen, dass die Artikel nicht mehr einzeln ausgezeichnet sind. ☐
3. Die Preisangabe ist laut der Preisangabenverordnung korrekt. ☐
4. Jeder Artikel muss stets einzeln ausgezeichnet sein. ☐
5. Sonderangebote müssen mit altem und neuem Preis ausgezeichnet sein. ☐

10. Aufgabe
Der Bezugspreis eines Artikels beträgt 16,36 EUR, der Kalkulationsfaktor ist 1,8, die Umsatzsteuer beträgt 19 %. Berechnen Sie den Auszeichnungspreis (runden Sie auf zwei Nachkommastellen).

11. Aufgabe
Sie kalkulieren für den Jubiläumsverkauf eine Geschirrspülmaschine für einen Auszeichnungspreis von 476,00 EUR, Umsatzsteuersatz 19 %. Wie hoch ist der Bezugspreis, wenn die Handelsspanne 25 % beträgt?

12. Aufgabe
Ihnen liegt die abgebildete Liefererrechnung vor.

Die Center Warenhaus GmbH nutzt bei der Begleichung von Rechnungen immer Skonto aus. Bei den Kalkulationen in einer Warengruppe werden die folgenden Sätze angewendet: 30 % Handlungskosten, 8,8 % Gewinn, 19 % Umsatzsteuer.

12.1 Berechnen Sie den Verkaufspreis der Kaffeemaschine (Einzelpreis), wenn die Center Warenhaus GmbH weder Gewinn noch Verlust an diesem Artikel machen möchte. Erstellen Sie Ihre Berechnung in einem übersichtlichen Kalkulationsschema (Anfang: Listeneinkaufspreis, Ende: Bruttoverkaufspreis).

12.2 Wie viel Prozent beträgt der Kalkulationszuschlagssatz für eine Kaffeemaschine (zwei Nachkommastellen)?

12.3 Berechnen Sie den Kalkulationsfaktor für die Kaffeemaschine (auf vier Stellen nach dem Komma runden).

13. Aufgabe

Ein Konkurrent bietet die von Ihnen in Aufgabe 4 kalkulierte Kaffeemaschine dauerhaft zu einem Preis von 25,00 EUR an. Erläutern Sie mögliche Reaktionen der Center Warenhaus GmbH hierauf.

14. Aufgabe

Nach dem Jubiläumsverkauf wollen Sie wissen, wie viel Gewinn Sie mit einem bestimmten Artikel erzielt haben. Sie haben insgesamt 980 Stück verkauft. Der Selbstkostenpreis pro Stück beträgt 3,95 EUR. Der Bruttoverkaufspreis einschließlich 19 % Umsatzsteuer beträgt 5,95 EUR. Wie viel EUR beträgt der Gesamtgewinn?

Situation zur 15. bis 20. Aufgabe

Sie sind in der Center Warenhaus GmbH in der Elektroabteilung eingesetzt. Ihr Abteilungsleiter legt Ihnen die folgende Verkaufsstatistik vor (Umsatzsteuersatz 19 %):

Artikel	Stück	Bruttoverkaufspreis (in EUR)		Einstandspreis (in EUR)		Gesamtrohertrag
		Je Artikel	Gesamt	Je Artikel	Gesamt	
DVBT-Empfänger	16	129,90	2.078,40	85,45	1.367,20	?
SAT-Empfänger	14	99,90	1.398,60	63,78	892,92	?

15. Aufgabe

Berechnen Sie den jeweiligen Gesamtrohertrag für die DVBT- und SAT-Empfänger (auf 2 Nachkommastellen runden).

16. Aufgabe

Berechnen Sie den Kalkulationsfaktor für den Artikel „DVBT-Empfänger" (auf vier Nachkommastellen runden).

17. Aufgabe
Berechnen Sie die Handelsspanne für den Artikel „SAT-Empfänger" (auf zwei Nachkommastellen runden).

18. Aufgabe
Ein TV-Gerät, das einschließlich 19 % Umsatzsteuer für 895,00 EUR verkauft wird, ist mit 35 % Handlungskosten und 10 % Gewinn kalkuliert. Wie hoch ist der Einstandspreis?

19. Aufgabe
Was beschreibt den Begriff „Marktpreis" richtig?

1. Die Höhe des Marktpreises wird allein durch die anfallenden Kosten bestimmt. ☐
2. Für die Höhe des Marktpreises ist in erster Linie das Verhältnis von Angebot und Nachfrage entscheidend. ☐
3. Wettbewerber vereinbaren für bestimmte Artikel in ihrem Einzugsgebiet einheitliche Preise für einen ausgeglichenen Markt. ☐
4. Nicht das Verhältnis von Angebot und Nachfrage bestimmt den Marktpreis, sondern allein die betriebliche Kalkulationsgrundlage. ☐
5. Der vom Hersteller empfohlene Verkaufspreis ist ein typischer Marktpreis, der Preisgleichheit am Markt gewährleistet. ☐

20. Aufgabe
Welche Größe wird in der Abbildung durch den Punkt X gekennzeichnet?

1. die Angebotsmenge ☐
2. die Nachfragemenge ☐
3. der Höchstpreis ☐
4. der Mindestpreis ☐
5. der Gleichgewichtspreis ☐

LERNFELD 10

Besondere Verkaufssituationen bewältigen

Lernsituation 1: Sie haben Senioren als Kunden

Ein 71-jähriger Kunde beschwert sich bei Kerstin über die schlechte Behandlung im Lebensmittel Discount Schlegel KG.

„… *Ich hatte leider meine Brille vergessen und konnte deshalb das Haltbarkeitsdatum nicht lesen. Also habe ich eine junge Frau angesprochen, die gerade Ware einräumte. Bei der Butter hat sie mir dann das Datum genannt. Aber ich brauchte ja auch noch Milch und Quark und Sahne, da ist das Haltbarkeitsdatum ja besonders wichtig! Als ich sie dann noch nach meinem Lieblingsjoghurt gefragt habe, den ich nicht gleich finden konnte, da wurde sie ganz unverschämt und meinte, sie hätte auch noch was anderes zu tun. Aber eine Verkäuferin ist doch dazu da, um mir beim Einkaufen behilflich zu sein! Na jedenfalls, wenn mir das nochmal passiert, beschwere ich mich bei der Geschäftsleitung!*"

Beschreibung und Analyse der Situation

Schildern Sie die oben beschriebene Situation aus der Sicht der jungen Verkäuferin.

Sammeln Sie Vorurteile, die Verkäufer gegenüber alten Kunden hegen und umgekehrt. Befragen Sie dazu eventuell ältere Menschen.

Was denken Verkäufer/-innen über ältere Kunden	Was denken ältere Kunden über junge Verkäufer/-innen

Entwickeln Sie Lösungsvorschläge, was Sie als junger Verkäufer unternehmen können, um die vorhandenen Vorurteile auf beiden Seiten abzubauen.

Planen

Formulieren Sie Anforderungen an einen Verkäufer, der einen älteren Kunden bedient. Berücksichtigen Sie sein Verhalten und seine Verkaufsargumentation.

Planen Sie unter Einbeziehung der Ergebnisse aus den vorhergehenden Arbeitsaufträgen in Gruppenarbeit (4–5 Personen) ein Rollenspiel zum Umgang mit Senioren im Verkaufsgespräch. Verteilen Sie die Rollen, legen Sie diese auf Rollenkarten fest und skizzieren Sie anschließend den möglichen Verlauf des Verkaufsgespräches.

Rollenkarte Kunde/-in

Rollenkarte Verkäufer/-in

Skizze Rollenspiel: „Verkaufsgespräch mit Senioren"

Durchführen und Bewerten

Übernehmen Sie die erarbeiteten Anforderungen in den Beobachtungsbogen.

Beobachtungsbogen							
Beobachtungsschwerpunkt: Ältere Kunden							
Kriterien/Beobachtungsmerkmale	Beurteilungsskala Das Beobachtungsmerkmal wurde erfüllt … voll und ganz gar nicht						Beobachtung/Kommentar
	①	②	③	④	⑤	⑥	
	①	②	③	④	⑤	⑥	
	①	②	③	④	⑤	⑥	
	①	②	③	④	⑤	⑥	
	①	②	③	④	⑤	⑥	
	①	②	③	④	⑤	⑥	

Führen Sie die geplanten Rollenspiele durch und werten Sie diese mithilfe des Beobachtungsbogens aus. Sammeln Sie wesentliche Ergebnisse der Auswertungen auf einem Flipchart.

_____
_____
_____
_____
_____
_____
_____

Lernergebnisse sichern

Entwickeln Sie Lösungsvarianten zu dem von Ihnen geplanten Rollenspiel und diskutieren Sie diese im Plenum.

_____
_____
_____
_____
_____
_____
_____

Übung 1.1: Bedeutung von Senioren als Kunden

Lesen Sie den nachfolgend aufgeführten Textbeitrag einer Fernsehreportage durch. **Markieren bzw. unterstreichen** Sie die **Schlüsselbegriffe**, die die Bedeutung der Senioren sowie ihre Ansprüche im Marktgeschehen aufzeigen.

Senioren sind der Markt der Zukunft – Die Chancen der Überalterung
(ZDF – Berlin direkt)

Lange Zeit waren die 14- bis 49-Jährigen die einzig relevante Bevölkerungsgruppe für die Wirtschaft. Jetzt zwingt die Entwicklung der Altersstruktur in der Bevölkerung die Unternehmen, einen neuen Markt ins Auge zu fassen: die Generation 50 plus. Im Jahr 2050 wird jeder dritte Deutsche über 60 sein – eine klare Tendenz zur älteren Bevölkerung, aber auch ein Markt mit Riesenpotenzial.

Die neuen Alten unterscheiden sich stark von den Senioren vergangener Jahre, auch in ihrem Konsumverhalten. Sie sind aktiver und konsumfreudiger und sie haben das nötige Geld. 90 Milliarden Euro pro Jahr steht der Altersgruppe ab 50 zur Verfügung. Damit sind die Senioren von heute die reichsten Alten aller Zeiten. Mit ihnen lassen sich gute Geschäfte machen – man muss es nur richtig anstellen.

Von dem neuen Boom profitieren nicht nur Pflegedienste oder Seniorenheime. Die Zeiten, in denen man mit Werbung für Gebiss-Haftcremes oder Inkontinenz-Produkte erfolgreich war, sind vorbei. Die Älteren müssen mit neuen Produkten gelockt werden und diese sollten speziell auf ihre Bedürfnisse zugeschnitten sein: von Produkten des täglichen Bedarfs für Gesundheitsbewusste, über Bekleidung im aktuellen Modetrend bis hin zu modernen leicht zu bedienenden technischen Geräten für den Haushalt und die zunehmend zur Verfügung stehende Freizeit. Der Trend in der Entwicklung geht dabei zur neuen Einfachheit, schnell und praktisch. Produkte des täglichen Lebens sollten deshalb auch für Ältere taugen. Gebrauchsanweisungen, die schwer zu lesen sind, die Tücken der Technik, der tägliche Kampf mit den Verpackungen – was für Junge einfach nur lästig ist, wird für die Alten oft zum echten Problem. Das schreckt konsumfreudige Oldies ab. Die sind heute jedoch sehr selbstbewusst und kritisch. Sie entscheiden selbst, was sie wann und wo kaufen.

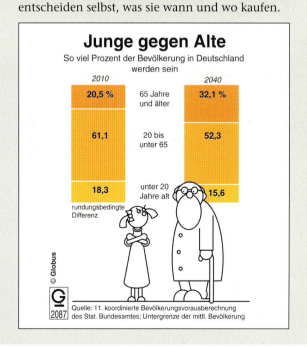

Quelle: www.zdf.de/ZDFde/inhalt/6/0,1872,2255430,00.html am 14.09.2005, 11:00 Uhr, „ZDF – Berlin direkt"-Beitrag von Stefanie Reulmann vom 27.01.2005, gekürzt

Übung 1.2: Kundentypen/Konsumtypen

Mit dem richtigen Verhalten und den passenden Argumenten sind Sie in der Lage, selbst schwierige Kunden zufriedenzustellen. Erläutern Sie bei folgenden „schwierigen Kundentypen" ein angemessenes Verkäuferverhalten!

Der Miesmacher

Nichts ist diesem Kunden gut genug. Dieser Kundentyp macht jede Ware schlecht. Der erste Artikel gefällt ihm vom Design nicht, der zweite ist ihm zu teuer, der dritte ist zu billig … und so weiter. Verkäuferargumente werden von ihm grundsätzlich infrage gestellt. Letztendlich zeigt sich, dass diese Kunden sich aber doch für ein Produkt entscheiden.

Kundenbezogenes Verkäuferverhalten

_____
_____
_____
_____
_____
_____
_____
_____

Der Vordrängler

Diesen Kundentyp stört es gar nicht, dass Sie sich mitten im Kundengespräch befinden. Ungeachtet dieses Umstandes fragt er nach einem Produkt und erwartet, sofort bedient zu werden. Dem Kunden fehlt es an angemessener Zurückhaltung. Er meint, wenn er die Bühne betritt, steht er auch im Mittelpunkt.

Kundenbezogenes Verkäuferverhalten

_____
_____
_____
_____
_____
_____
_____
_____

Übung 1.3: Jugendliche als Kunden

Die Verkaufsleiterin des Mars Elektrofachmarktes, Nicole Orth, findet in einer Fachzeitschrift das abgebildete Schaubild. Schon seit einiger Zeit überlegt sie, für die Kundengruppe „Jugendliche" gezielte Werbemaßnahmen durchzuführen. Erläutern Sie in diesem Zusammenhang die dargestellte Grafik!

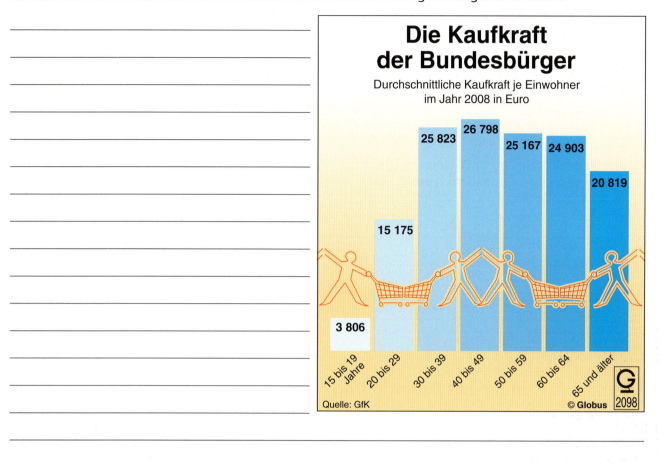

Übung 1.4: Gesetzliche Abgabeverbote

Entscheiden Sie, ob eine Abgabe der Waren erlaubt ist oder nicht.

	Erlaubt	nicht erlaubt
Ein 17-Jähriger möchte eine Schachtel Zigaretten kaufen.		
Eine 15-Jährige möchte eine Schachtel Zigaretten kaufen.		
Ein 16-Jähriger möchte zwei Tage vor Silvester Feuerwerkskörper kaufen.		
Eine 16-Jährige möchte zwei Flaschen „Bacardi Breezer" kaufen.		
Ein 6-Jähriger möchte Knallfrösche (Feuerwerksspielwaren) kaufen.		
Eine 17-Jährige möchte zwei Flaschen Sekt kaufen.		
Ein 17-Jähriger möchte drei Flaschen Bier kaufen.		
Eine 16-Jährige möchte eine Flasche Wodka kaufen.		

Übung 1.5: Ausländer als Kunden

An diesem Wochenende steht Sabine vor einer besonderen Herausforderung. Die Sportabteilung des Center Warenhauses hat sich mit einer Vielzahl von Aktionen voll auf den am Sonntag stattfindenden Köln-Marathon eingestellt. Insbesondere für die ausländischen Marathonläufer haben die attraktiven Angebote an preiswerten Laufschuhen eine besondere Anziehungskraft. Sabine hat sich gut vorbereitet und versteht es, mit den Kunden ein einfaches Verkaufsgespräch in englischer Sprache zu führen. Die wichtigsten Produktmerkmale hat sie dabei auf den englischsprachigen Internetseiten der Hersteller recherchiert.

Finden Sie im Internet Informationen zu einem beliebigen Laufschuhmodell und beschreiben Sie das Produkt mit seinen wesentlichen Warenmerkmalen in englischer Sprache! Wählen Sie alternativ ein Produkt aus Ihrer Branche

_____
_____
_____
_____
_____

Übung 1.6: Kunden mit Behinderung

In Verkaufssituationen mit Kunden im Rollstuhl, mit körperlich Behinderten oder mit sprachbehinderten Menschen sind die Verkäufer und Verkäuferinnen des Center Warenhauses oft in ihrem Handeln unsicher. Der Verkaufsleiter Oliver Lehnert beschließt, mit Mitarbeitern aus verschiedenen Abteilungen in einem Seminar wichtige Grundsätze im Umgang mit behinderten Kunden im Verkauf zu erarbeiten.

Formulieren Sie Merksätze für Ihr Handeln in Verkaufssituationen mit behinderten Menschen.

_____
_____
_____
_____
_____
_____
_____
_____
_____

Übung 1.7: Dem Kunden beim Geschenkkauf helfen

Eine Frau, etwa Ende 30, betritt die Sportwarenabteilung des Center Warenhauses. Sie schaut sich um, runzelt die Stirn und schaut sichtlich erleichtert, als sie Sabine Freund auf sich zukommen sieht. Sabine begrüßt die Kundin freundlich.
Sabine: *„Guten Tag!"*
Kundin: *„Schönen guten Tag. Ich suche ein Geschenk für meinen Mann."*

a) Finden Sie geeignete Fragen, die im Rahmen der Bedarfsermittlung in dieser Situation sinnvoll sind.

b) Der Kunde ist beim Geschenkkauf oftmals unsicher. Überlegen Sie, was bei der Kaufargumentation und der Warenvorlage zu tun ist, damit sich diese Unsicherheit nicht noch vergrößert.

c) Ermitteln Sie, wie man die Kaufentscheidung des Kunden – gerade beim Geschenkkauf – möglicherweise herbeiführen oder unterstützen kann.

d) Führen Sie mithilfe der Antworten aus den Aufgaben mit der Kundin ein Verkaufsgespräch in einem kurzen Rollenspiel durch.

___

Übung 1.8: Den Kunden in Begleitung beraten

Notieren Sie die wichtigsten Aussagen zu den unterschiedlichen Begleitern.

Der Fachmann als Begleiter:

Merkmale:

___

Verkäuferverhalten:

___

Der „Möchtegern-Fachmann" als Begleiter:

Merkmale:

___

Verkäuferverhalten:

_____
_____
_____
_____
_____
_____

Der „unsichtbare" Begleiter:

Merkmale:

_____
_____
_____
_____
_____
_____
_____

Verkäuferverhalten:

_____
_____
_____
_____
_____
_____

Übung 1.9: Bei Hochbetrieb verkaufen

Nennen Sie Ursachen, die im Einzelhandel zu Hochbetrieb führen können.

_____
_____
_____
_____
_____

Erläutern Sie drei Möglichkeiten, wie ein Geschäft auf Hochbetrieb reagieren kann.

_____
_____
_____

Übung 1.10: Mit Störungen im Verkaufsgespräch souverän umgehen

Entscheiden Sie, ob die beschriebenen Verhaltensweisen eines Verkäufers positiv oder negativ sind.

	positiv	negativ
Ein Verkäufer entschuldigt sich beim Kunden, bevor er einen Anruf entgegennimmt.		
Der Verkäufer wird zum Telefon gerufen. Er weist den Anrufer darauf hin, dass er in einer Beratung sei und sagt zu, danach zurückzurufen.		
Zwei Verkäufer unterhalten sich. Eine Kundin versucht, Blickkontakt herzustellen. Die Verkäufer bemerken die Kundin und setzen ihr Gespräch fort.		
Ein Verkäufer übergibt das Beratungsgespräch mit einem Kunden an einen Kollegen, ohne diesen über den Stand der Beratung zu informieren.		
Ein Verkäufer führt ein Telefonat. Ein Kunde betritt die Abteilung und stellt Blickkontakt her. Der Verkäufer wendet sich zur Seite und telefoniert weiter.		
Während eines Verkaufsgesprächs klingelt das Handy des Verkäufers. Sofort greift er zum Telefon und meldet sich.		
Ein Verkäufer schaltet sein Handy vor Beginn einer Beratung aus.		
Ein Verkäufer bittet einen Kollegen, die Beratung eines Kunden fortzuführen, weil er ein Problem in der Warenannahme lösen muss.		
Das Fachwissen eines Verkäufers reicht nicht aus, um die detaillierten Fragen eines Kunden zu einem Artikel zu beantworten. Er bittet einen erfahrenen Kollegen, die Beratung fortzuführen.		
Ein Verkäufer unterbricht das Verkaufsgespräch eines Kollegen, um sich mit diesem zum Squash zu verabreden.		

Lernsituation 2: Sie beraten und verkaufen am Telefon

Seit Beginn des Jahres annonciert die Sportabteilung der Center Warenhaus GmbH in einer Zeitschrift für Ausdauersportler mit speziellen Angeboten für den Lauf- und Walkingsport. Aus diesem Grund häufen sich telefonische Anfragen von Kunden, die Laufschuhe bestellen oder zu einem Pulsmesser beraten werden wollen. Sabine ist genervt, weil sie die Kunden lieber persönlich in der Sportabteilung berät. Wieder einmal muss Sabine ein Verkaufsgespräch unterbrechen, um am anderen Ende des Verkaufsraumes ein Gespräch anzunehmen.

Sabine: (außer Atem) *„Ja!"*
Kunde: (irritiert) *„Guten Tag, Baumann am Apparat. Spreche ich mit der Sportabteilung im Center Warenhaus?"*
Sabine: *„Natürlich!"*

Kunde:	„Ich dachte schon, es geht keiner ans Telefon. Ich möchte Laufschuhe aus Ihrer Anzeige bestellen."
Sabine:	(kurze Pause) „Ja?" ... (genervt, als der Kunde nicht sofort sagt, welche Schuhe er bestellen will) „Welchen Schuh denn?"
Kunde:	„Den Hark-Racer!"
Sabine:	(nachdrücklich und ungeduldig) „Welche Schuhgröße?"
Kunde:	„43"
Sabine:	„O.k., dann brauche ich noch Ihre Adresse. Einen Moment, ich muss mir noch einen Stift holen."

Beschreibung und Analyse der Situation

Beschreiben Sie, wie sich der Kunde in diesem Gespräch fühlen könnte.

Listen Sie Fehler auf, die Sabine in dem Telefongespräch gemacht hat.

Finden Sie Gründe für Sabines Verhalten am Telefon.

Planen und Durchführen

Machen Sie Verbesserungsvorschläge für Sabines Verhalten in der telefonischen Beratung. Formulieren Sie dazu das Telefongespräch aus der Eingangssituation in ein kundenorientiertes Gespräch um. Nehmen Sie Ihre Ergebnisse in Form eines Hörspieles auf eine Kassette auf.

Benötigte Materialien: Kassettenrekorder mit Mikrofon, Kassette

Bewerten

Spielen Sie der Klasse Ihre Hörspiele vor. Geben Sie den Rollenspielern ein konstruktives Feedback. Berücksichtigen Sie dabei die Feedbackregeln.

Feedbackregeln

- Ich-Botschaften formulieren
- konkret bleiben
- beschreibend formulieren (statt wertend)
- kurz formulieren (statt ausschweifend)
- Beispiel: Ich habe gesehen/gehört … das wirkt auf mich …

Stellen Sie die gelungenen Aspekte besonders heraus. Halten Sie wichtige Ergebnisse des Feedbacks schriftlich fest.

Ich habe gehört/wahrgenommen, …	Damit erreicht die Verkäufer/-in …
… dass die Verkäuferin beim Reden am Telefon Sprechpausen eingesetzt hat.	… dass der Kunde genügend Zeit zur Verarbeitung von Informationen hat.

Lernergebnisse sichern

Fassen Sie die wichtigsten erarbeiteten Kriterien für erfolgreiches Beraten und Verkaufen am Telefon aus dieser Lernsituation schriftlich zusammen.

_____
_____
_____
_____
_____
_____
_____
_____
_____
_____

Übung 2.1: Kundenorientierte Reklamationsbehandlung

Reklamationsgespräche kundenorientiert zu führen, erfordert neben viel Fingerspitzengefühl auch zielgerichtete Verhaltensweisen des Verkaufspersonals. Verbinden Sie die aufgeführten Reaktionen des Verkäufers im Reklamationsgespräch mit der entsprechenden Begründung!

Reaktion	Begründung
Bewahren Sie Ruhe und seien Sie geduldig!	Das ist unbedingt notwendig und muss ehrlich gemeint sein. Seien Sie kritikfähig und gestehen Sie Fehler ein. Vermeiden Sie es, die Schuld auf Kollegen oder andere Abteilungen zu schieben.
Zeigen Sie Verständnis!	Beheben Sie auch den „Stress"-Schaden beim Kunden mit einer kleinen Zugabe „extra". Betrachten Sie dies als eine Investition in die Kundenbindung.
Nehmen Sie das Verhalten eines Kunden nicht persönlich!	Kunden mit einer Reklamationsbeschwerde sind oft aufgeregt und sehr sensibel. Wer in einer solchen Stimmungslage ist, braucht Zeit, um sich wieder zu fangen.
Entschuldigen Sie sich beim Kunden!	Der reklamierende Kunde fühlt sich erst einmal grundsätzlich im Recht. Seine Sicht der Dinge ist für ihn die einzig richtige. Jede Reklamation sollte ernst und wichtig genommen werden.
Seien Sie kulant!	Die Wut des Kunden bezieht sich nur auf die Sache, auch wenn er den Verkäufer mit Worten angreift. Reagieren Sie nicht beleidigt und „überhören" Sie persönliche Angriffe.

Übung 2.2: Reklamation und Umtausch

Herr Klüver kommt in den Mars Elektrofachmarkt und möchte ein Funk-Uhrenradio mit CD-Player zurückgeben, den er vor zwei Tagen gekauft hat. „Irgendwie habe ich nicht richtig überlegt. Nachdem ich mir die Bedienungsanleitung zu Hause durchgelesen habe, wurde mir klar, dass das Gerät viel zu kompliziert für mich ist. Ich würde das Gerät gerne zurückgeben und mir den Kaufpreis auszahlen lassen!"

a) Erläutern Sie, ob es sich in diesem Fall um eine Reklamation oder einen Umtausch handelt.

b) Entscheiden Sie, ob die Forderung zur Auszahlung des Kaufpreises berechtigt ist. Begründen Sie Ihre Aussage.

c) Erläutern Sie zwei Möglichkeiten, wie Sie als Verkäufer auf die Forderung des Kunden reagieren können.

d) Am selben Tag kommt es zu einer berechtigten Reklamation wegen eines defekten TFT-Bildschirms. Der Kunde ist verärgert. Erläutern Sie in fünf Verhaltensschritten, wie Sie die Reklamation kundenorientiert behandeln können.

Übung 2.3: Spätkunden bedienen

Sabine hat in der Sportabteilung des Center Warenhauses einen anstrengenden Arbeitstag hinter sich. Wie immer beginnt sie kurz vor Ladenschluss in der Abteilung aufzuräumen, damit sie pünktlich Feierabend machen kann. Auf den heutigen Abend hat sie sich schon lange gefreut, denn sie will sich mit ihren Freundinnen in der Kölner Altstadt treffen. Da betritt ein Kunde die Abteilung und spricht Sabine an.

Kunde: „Guten Tag, ich hoffe, Sie können mir so spät noch helfen. Ich suche einen Karate-Anzug für meinen Sohn und wollte mich kurz beraten lassen."

Sabine: „Karate-Anzüge kann ich Ihnen zeigen, aber für eine Beratung habe ich leider keine Zeit mehr, denn wir haben gleich Geschäftsschluss! Da müssten Sie sonst morgen noch mal wiederkommen!"

Beurteilen Sie Sabines Verhalten im Umgang mit dem Spätkunden.

Machen Sie einen begründeten Vorschlag, wie Sabine auf den Kunden reagieren sollte.

Übung 2.4: Rabattregeln und -wünsche

Entscheiden Sie je nach vorgegebener Situation, ob Sie Rabatt gewähren oder nicht. Begründen Sie stichpunktartig Ihre Entscheidung.

Formulieren Sie in wörtlicher Rede eine entsprechende Verkäuferaussage auf den Rabattwunsch eines Kunden.

Situation	Rabatt: Ja oder nein? Begründung	Verkäuferaussage (wörtliche Rede)
Stammkunde bittet um Rabatt		

Situation	Rabatt: Ja oder nein? Begründung	Verkäuferaussage (wörtliche Rede)
Laufkunde möchte Preisnachlass, lange Beratung		
Kunde wünscht Nachlass, weist darauf hin, dass er bar zahlt		

Lernsituation 3: Ladendiebstahl

Mehmet Aydin beobachtet im Mars-Elektrofachmarkt einen Kunden, der, nachdem er sich mehrfach umgeschaut hat, einen CD-Player in einer Plastiktüte verschwinden lässt. Noch bevor der Mann die Kasse passiert, spricht Mehmet ihn an. Der Kunde streitet die Tat ab und behauptet, er habe nur testen wollen, wie sich der CD-Player in der Tüte trage. Anschließend habe er vergessen, den CD-Player zurückzulegen. Diese Aussage überzeugt Mehmet keineswegs. Vielmehr nimmt er an, dass der Kunde noch mehr gestohlen hat. Gegen den Willen des Kunden beginnt er mit der Durchsuchung seiner Sachen.
Nachdem er keine weiteren Waren gefunden hat, der Kunde seinen Namen genannt und sich ausgewiesen hat, sperrt Mehmet ihn in einen Nebenraum ein, bis die Polizei eintrifft.

Beschreibung und Analyse der Situation

Analysieren Sie Mehmets Vorgehen beim Stellen des verdächtigen Kunden.

Lernsituation 3

Sammeln Sie in Partner-/Gruppenarbeit Vorschläge für ein zielgerichteteres Handeln in der dargestellten Situation.

Planen

Entwickeln Sie einen Leitfaden für Verkäuferhandeln (Verhaltens- und Gesprächsregeln) bei Kundendiebstahl unter Einbeziehung der rechtlichen Grundlagen.

Leitfaden für	
Gesprächs- und Verhaltensregeln	**Gesetzliche Grundlage**

Leitfaden für	
Gesprächs- und Verhaltensregeln	Gesetzliche Grundlage

Entwickeln Sie in Gruppenarbeit ein Rollenspiel, in dem Sie im Umgang mit einem Ladendieb zielgerichtet vorgehen. Beachten Sie dabei die rechtlichen Vorgaben sowie unterstützende Verhaltens- bzw. Gesprächsregeln. Verteilen Sie die Rollen und skizzieren Sie einen möglichen Gesprächsverlauf.

Verlaufsskizze für das Rollenspiel „Ladendiebstahl"

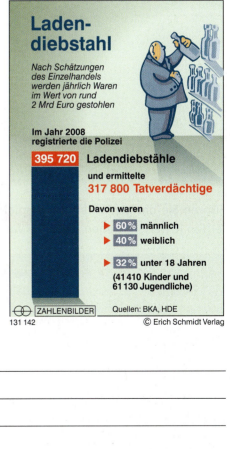

Durchführen und Bewerten

Wählen Sie fünf Kriterien aus Ihrem Leitfaden für den Umgang mit Ladendieben aus und übernehmen Sie diese in den Beobachtungsbogen.

Beobachtungsbogen			
Beobachtungsschwerpunkt: Verkäuferverhalten bei Ladendiebstahl			
Achsennummer	Bewertungskriterien	Einzelbewertung	Gruppendurchschnitt
1	z. B.: Der Verkäufer spricht den Verdächtigen ruhig an.		
2			
3			
4			
5			

Führen Sie die geplanten Rollenspiele durch. Die Gruppen vergeben Noten für die Erfüllung der festgelegten Kriterien. Gehen Sie dabei von folgendem Bewertungsschlüssel aus:

Beurteilungsskala					
Das Beobachtungsmerkmal wurde erfüllt ...					
gar nicht					voll und ganz
①	②	③	④	⑤	⑥

Nachdem jeder von Ihnen das Verkaufsgespräch individuell bewertet hat, werden in den Arbeitsgruppen Durchschnittswerte berechnet. **Die Rollenspieler bilden eine einzelne Gruppe**. Entscheiden Sie, welches Gruppenmitglied die Werte an der Präsentationsfläche vorstellt. Alle Gruppen tragen Ihre Ergebnisse in das „Spinnennetz" ein, damit die Ergebnisse vergleichbar sind. Jede Gruppe hat dabei ihre eigene Farbe.

Lernsituation 3

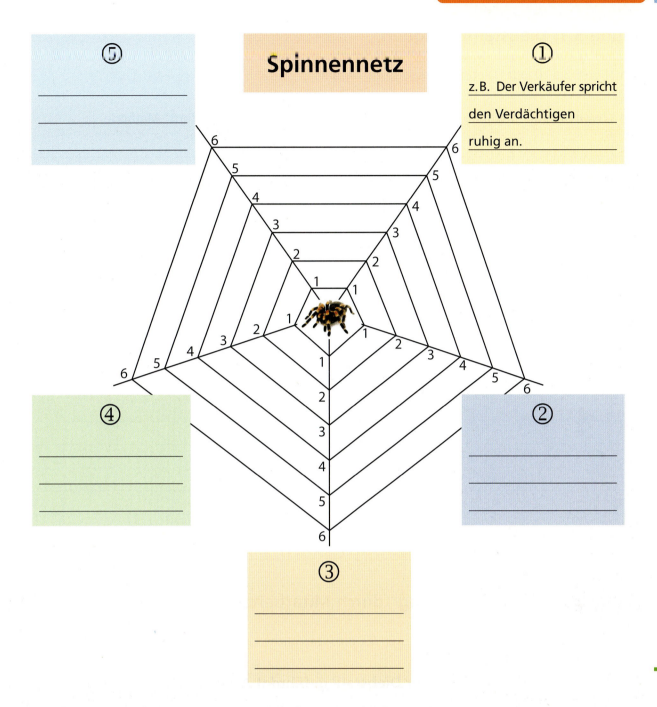

Spinnennetz

① z. B. Der Verkäufer spricht den Verdächtigen ruhig an.

②

③

④

⑤

Lernergebnisse sichern

Erkundigen Sie sich in Ihrem Ausbildungsbetrieb, wie sich Verkäuferinnen und Verkäufer in Ihrem oder auch in anderen Betrieben in Situationen mit Ladendiebstahl verhalten. Fassen Sie Ihre Ergebnisse stichpunktartig zusammen.

Übung 3.1: Diebstahlmethoden

Formulieren Sie zu jeder Diebstahlmethode ein Beispiel.

Die „Zweiteinkauf"-Methode

_____
_____
_____
_____
_____
_____
_____

Die „Trojanische-Pferd"-Methode

_____
_____
_____
_____
_____
_____
_____

Die Umtausch-Methode

_____
_____
_____
_____
_____
_____
_____

Die 08/15-Versteckmethode

_____
_____
_____
_____
_____
_____
_____

Übung 3.2: „Selbstbedienung" durch Mitarbeiter

Lesen Sie folgenden Presseartikel und fassen Sie die wesentlichen Aussagen kurz zusammen.

Auch kleiner Diebstahl gefährdet Arbeitsplatz

Stiehlt ein Arbeitnehmer aus dem Betrieb des Arbeitgebers Gegenstände, rechtfertigt dies eine Kündigung. Das gilt auch dann, wenn es sich um abgeschriebene Waren handelt.

Das hat das Bundesarbeitsgericht im Fall einer Verkäuferin in einem Warenhaus entschieden, die beim Versuch, eine Tasche mit Minifläschchen Alkoholika und Küchenpapierrollen zu entwenden, erwischt wurde. In seiner Begründung weist das Gericht darauf hin, dass die Verletzung des Eigentums oder des Vermögens des Arbeitgebers stets ein wichtiger Grund zur Kündigung sein könne. Die Entscheidung, zu welchem Zweck abgeschriebene Ware zu verwenden sei, liege allein beim Betriebsinhaber. Selbst wenn er grundsätzlich bereit sei, derartige Waren an Arbeitnehmer zu verschenken, handele grob vertragswidrig, wer sie ohne Erlaubnis einfach wegnehme. Jeder Arbeitnehmer müsse wissen, dass er durch ein Eigentumsdelikt seinen Arbeitsplatz aufs Spiel setze. Eine Abmahnung sei bei solchen Pflichtverstößen regelmäßig nicht erforderlich. Lediglich zur Abwägung der Interessen, ob anstatt der fristlosen Kündigung auch eine ordentliche Kündigung in Betracht komme, wurde die Entscheidung an die Vorinstanz zurückgewiesen.

Quelle: www.private-ermittler.info/html/presseberichte.html/03

Übung 3.3: Personalmaßnahmen gegen Ladendiebstahl

Nennen Sie personelle Maßnahmen für ein Einzelhandelsunternehmen, die Ladendiebstahl vorbeugen bzw. vermeiden.

Übung 3.4: Warensicherung

Im deutschen Einzelhandel wird jährlich ein Milliardenbetrag in Sicherungsmaßnahmen gegen Ladendiebstahl investiert. Erstellen Sie eine Mind-Map zu den technischen Möglichkeiten der Warensicherung im Einzelhandel.

Mind-Map

Abschlussprüfung

Unternehmensbeschreibung
Sie sind Mitarbeiterin/Mitarbeiter der Mars Elektrofachmarkt e. K.
Name: Mars Elektrofachmarkt e. K.
Betriebsform: Fachmarkt, überwiegend mit Vorwahlsystem
Mitarbeiter: 47 Mitarbeiterinnen und Mitarbeiter, davon 6 Auszubildende

Prüfungsgebiet: Verkauf und Marketing

1. Aufgabe

Situation: Sie sind zuständig für die Bearbeitung eingehender Reklamationen. Von Ihrer Kollegin erhalten Sie die abgebildeten Belege. Sie sollen sich mit dem Kunden in Verbindung setzen.

Mars Elektrofachmarkt e. K.

Mars Elektrofachmarkt e. K., Aachener Str. 1250, 50589 Köln

Henning Möhlmann
Bismarckstrackstr. 8
50667 Köln

Rechnung/Lieferschein

Rechnungsnummer. 003424	Kundennummer 8135	Datum 08.10.20..		
Artikel-Nr.	Artikelbezeichnung	Menge	Einzelpreis EUR	Gesamt
FE 32145	Fernseher Sany	1	699,00	699,00
In diesem Betrag sind 19 % Umsatzsteuer =			☐ enthalten.	

Quittung

Betrag von 699,00 EUR dankend erhalten.
Gerdes

Steuernummer: 145/130/0146   USt-IDNr.: DE-12465933

Telefonnotiz   12.12.20..

Anruf des Kunden Möhlmann:

Der Fernseher (s. Beleg) wurde vor zwei Monaten gekauft und funktioniert nicht mehr.

Der Kunde verlangt sofort die Lieferung eines neuen Fernsehers.

Herr Möhlmann bittet um schnellen Rückruf!

Eggers

1.1 Zur Vorbereitung auf das Telefonat mit Herrn Möhlmann legen Sie eine Checkliste an. Erweitern Sie die Checkliste um drei situationsbezogene Inhalte, die Sie dem Kunden im Telefongespräch mitteilen wollen.

sich als Erstes auf den Anruf von Herrn Möhlmann beziehen

1.2 Der Kundenservice stellt fest, dass es sich um einen technischen Fehler am Gerät handelt. Beurteilen Sie, ob aufgrund des Zeitraums und des Mangels eine berechtigte Reklamation vorliegt.

1.3 Erläutern Sie Herr Möhlmanns Rechte aus einer berechtigten Reklamation.

1.4 Der Hersteller des Fernsehgerätes sichert eine Garantiezeit von drei Jahren zu. Grenzen Sie die gesetzliche Gewährleistungspflicht zur Garantieleistung ab.

2. Aufgabe

Situation:
In der Urlaubszeit besuchen vermehrt ausländische Touristen den Elektrofachmarkt. Für das Verkaufsgespräch mit Ausländern sind entsprechende Verhaltensweisen und sprachliche Grundkenntnisse wichtig. Das stellt Sie als Verkäufer/-in vor erhöhte Anforderungen.

2.1 Erläutern Sie Verhaltensregeln, die Sie als Verkäufer bei der Bedienung von ausländischen Kunden beachten sollten.

2.2 Wie kann der Verkäufer sich seinem ausländischen Kunden verständlich machen, wenn dieser nicht deutsch und der Verkäufer nicht die Sprache des Kunden spricht?

2.3 Neben den ausländischen Touristen spielen ausländische Mitbürger für den Einzelhandel eine bedeutende Rolle. Beschreiben Sie das Einkaufsverhalten dieser Kundengruppe.

3. Aufgabe

Situation:
Der Mars Elektrofachmarkt e. K. möchte in Zukunft stärker berücksichtigen, dass ein großer Anteil der Kundschaft aus der Altersgruppe „50+" stammt. Diese Generation verfügt über eine hohe Kaufkraft und spielt insbesondere für den Fachhandel eine sehr wichtige Rolle. Man möchte sich in der Sortimentsstruktur und auch in Bereichen der Verkaufsraumgestaltung darauf einstellen, dass diese ältere Kunden mit zunehmendem Alter u. a. in ihrer Mobilität eingeschränkt sind.

3.1 Machen Sie zwei Vorschläge zur Veränderung des Sortiments.

3.2 Geben Sie zwei Produktbeispiele für die angestrebte Sortimentserweiterung und begründen Sie Ihren Vorschlag.

3.3 Bei der Gestaltung des Verkaufsraums sollen die Bedürfnisse älterer Kunden berücksichtigt werden. Nennen Sie drei Aspekte, wie die Bedürfnisse berücksichtigt werden können.

3.4 Die Kundengruppe „50+" soll gezielt beworben werden. Machen Sie vier Vorschläge für entsprechende Aktionen bzw. Maßnahmen.

3.5 Serviceleistungen spielen im Handel eine große Rolle. Geben Sie vier Beispiele für diese Kundengruppe.

4. Aufgabe

Situation:
Der Stammkunde Willi Stallmann möchte seiner Tochter im Mars Elektrofachmarkt e. K. ein Geschenk zum 18. Geburtstag kaufen. Er hat allerdings keine konkrete Geschenkidee. Der Verkäufer Mehmet Aydin begrüßt ihn freundlich und fragt nach dem Kaufwunsch. Willi Stallmann antwortet: „Ich suche ein Geschenk!!"

4.1 Formulieren Sie zwei Fragen zur Bedarfsermittlung in wörtlicher Rede.

4.2 Beschreiben Sie, wie Sie im Verkaufsgespräch auf die Frage nach dem Preis einer Ware reagieren.

4.3 Nennen Sie drei Serviceangebote, mit denen Mehmet Aydin den Kunden Stallmann in seiner Kaufentscheidung bestärken könnte.

4.4 Willi Stallmann findet kein passendes Geschenk für seine Tochter, obwohl Mehmet einige gezielte Geschenkvorschläge gemacht hat. Erläutern Sie, wie man in dieser Situation reagieren könnte.

Prüfungsgebiet: Geschäftsprozesse im Einzelhandel

1. Aufgabe

Situation:
Zu Beginn des Geschäftsjahres der Center Warenhaus GmbH führen die Abteilungen Mitarbeiterkonferenzen durch. Dabei werden u. a. die Inventurdaten ausgewertet. Die diesjährigen Inventurdaten haben eine Inventurdifferenz von 4,5 % ergeben, während die anderen Abteilungen bei einer durchschnittlichen Differenz von 2 % liegen.

1.1 Erläutern Sie, wie die Inventurdifferenz von 4,5 % ermittelt wurde.

1.2 Nennen Sie vier Gründe, die für die Inventurdifferenz von 4,5 % verantwortlich sein können.

1.3 Untersuchungen der Daten in der Center Warenhaus GmbH haben ergeben, dass nur ein geringer Teil der Differenzen auf Fehlbuchungen oder Warenschäden zurückzuführen sind. Der größte Teil der Verluste wird durch Ladendiebstahl verursacht. Nennen Sie je drei Beispiele aus den Bereichen „Personalmaßnahmen" und „Warensicherung", die Ladendiebstahl vorbeugen bzw. verhindern.

2. Aufgabe

Situation:
In der Sportabteilung der Center Warenhaus GmbH wird anlässlich der Fußball-Europameisterschaft ein Sonderverkauf von Fußbällen durchgeführt. Aufgrund eines Produktionsfehlers verlieren die Bälle aufgrund eines defekten Ventils bereits nach kurzer Zeit Luft. Leider wurden bereits 20 Bälle verkauft, bevor der Fehler von einem Verkäufer festgestellt worden ist. Ein Kunde reklamiert daraufhin einen der defekten Bälle. Er verhält sich dabei sehr lautstark und zornig: „Diesen Ball habe ich vor zwei Tagen bei Ihnen gekauft und schon ist er kaputt. So etwas Unbrauchbares verkaufen Sie als Qualitätsware! Ich bin total sauer!"

2.1 Erläutern Sie die Rechte, die der Kunde vorrangig geltend machen kann.

2.2 Wie verhalten Sie sich als Verkäufer in einer solchen schwierigen Situation?

2.3 Reklamationen erfordern ein professionelles Beschwerdemanagement. Nennen Sie drei Ziele des Beschwerdemanagements.

3. Aufgabe

Situation:
Die Center Warenhaus GmbH hat aufgrund einer Marktuntersuchung festgestellt, dass der Anteil der älteren Kunden in ihrem Einzugsbereich stark zugenommen hat. Man plant deshalb Maßnahmen, um das Unternehmen für diese Kundenschicht attraktiver zu gestalten.

3.1 Erläutern Sie drei Maßnahmen, die das Warenhaus auch für ältere Kunden attraktiver machen.

3.2 Beschreiben Sie drei Möglichkeiten, wie die Mitarbeiter auf die Betreuung älterer Kunden vorbereitet werden können.

Bildquellenverzeichnis

Umschlag
www.fotolia.de:
Zinken (oben), Marc Rigand (Mitte), Markus Wegner (unten)

Innenteil
Behrla/Nöhrbaß GbR, Foto Stephan, Köln/BV1, S. 7, S. 17, S. 21 Mitte, S. 22, S. 36, S. 38, S. 42, S. 43, S. 44, S. 45, S. 65, S. 68, S. 80, S. 98, S. 105, S. 107, S. 129, S. 137, S. 140, S. 145, S. 147
Bergmoser + Höller Verlag AG, Aachen, S. 149
dpa-infografik GmbH, Hamburg, S. 133, S. 135
Inter IKEA Systems B.V., S. 144
Kaufhof Warenhaus AG, Köln, S. 21 oben
METRO AG, Düsseldorf, S. 54
MEV Verlag GmbH, Augsburg, S. 14, S. 16, S. 21 unten, S. 49, S. 56, S. 112, S. 130, S. 134
Nova Development Corporation, Calabasas, USA, S. 40, S. 67, S. 111, S. 154
Project Photos GmbH & Co. KG, Augsburg, S. 43, S. 45
Steffie Becker, Bonn/BV1, S. 138, S. 139

www.fotolia.de:
amridesign, S. 136
Apple, S. 17 oben, S. 23
Barbara Helgason, S. 13
Bilderbox, S. 72
D.Vasques, S. 117
Eisenhans, S. 70
George Pchemyan, S. 47
Kirill Roslyakov, S. 91, S. 92, S. 116
Lucky Dragon, S. 27
macchia, S. 39
Otmar Smit, S. 27
Photobunny, S. 151
Thaut Images, S. 80 unten, S. 84
Tommy Ingeberg, S. 119